职业技能培训教材

酒店客户服务

主　编　唐少峰
副主编　马庆喜　李会林

中国劳动社会保障出版社

图书在版编目(CIP)数据

酒店客户服务/唐少峰主编. —北京：中国劳动社会保障出版社，2008

职业技能培训教材

ISBN 978-7-5045-7017-8

Ⅰ.酒… Ⅱ.唐… Ⅲ.饭店-商业服务-技术培训-教材 Ⅳ.F719.2

中国版本图书馆 CIP 数据核字(2008)第 053858 号

中国劳动社会保障出版社出版发行
(北京市惠新东街1号 邮政编码：100029)
出 版 人：张梦欣
*
北京谊兴印刷有限公司印刷装订　新华书店经销
850 毫米×1168 毫米　32 开本　6.75 印张　165 千字
2008 年 5 月第 1 版　2008 年 5 月第 1 次印刷
定价：14.00 元
读者服务部电话：010-64929211
发行部电话：010-64927085
出版社网址：http://www.class.com.cn
版权专有　　侵权必究
举报电话：010-64954652

前　　言

《中华人民共和国劳动法》规定："从事技术工种的劳动者，上岗前必须经过培训。"国家对相应的职业制定《国家职业标准》，实行职业技能培训。

职业技能培训是提高劳动者知识与技能水平、增强劳动者就业能力的有效措施。在社会主义市场经济条件下，劳动者竞争上岗、以贡献定报酬，这种新型的劳动、分配制度，正成为千千万万劳动者努力提高职业技能的动力。

实施职业技能培训，教材建设是重要的一环。为适应职业技能培训的迫切需要，推动职业培训教学改革，提高培训质量，中国劳动社会保障出版社会同劳动和社会保障部有关司局，组织有关专家、技术人员和职业培训教学人员编写了职业技能培训系列教材。

职业技能培训教材贯彻"求知重能"的原则，在保证知识连贯性的基础上，着眼于技能操作，力求内容浓缩、精练，突出教材的针对性、典型性、实用性。

职业技能培训教材作为就业培训、再就业培训、企业培训、劳动预备制培训用书，供各级培训机构的学员参加培训、考核使用，对于各类职业技术学校师生、相关行业技术人员也有较高的参考价值。

百年大计，质量第一。编写职业技能培训教材是一项艰巨的探索性工作，不足之处在所难免，恳切欢迎各使用单位和读者提出宝贵意见和建议。

劳动和社会保障部教材办公室

内 容 简 介

本书是由劳动和社会保障部教材办公室组织编写的职业技能培训系列教材之一。主要内容包括：客户服务基础知识，客户服务质量控制，前厅部预定、行李、接待、问询、结账、总机、商务中心等服务岗位的职责范围、业务要求及服务程序，客房、公共区域的清洁保养方法和标准，客房服务中心对客户服务的内容和程序等。本教材适合于各级各类职业学校、职业培训机构在开展职业技能培训时使用。

本书由大庆技师学院唐少峰担任主编，马庆喜、李会林担任副主编。参加本书编写的人员有：胥东升（第一单元、第二单元）、田桂洪（第三单元、第四单元、第五单元）、朱索香（第六单元、第七单元、第八单元）、薛灵霞（第九单元、第十单元、第十一单元）、梁长祥（第十二单元、第十三单元、第十四单元）。

目 录

上篇 客户服务

第一单元 客户服务基础知识……………………………（1）
模块一 客户服务基本概念…………………………（1）
模块二 客户服务职责………………………………（5）
模块三 客户服务规范………………………………（7）
考核指南………………………………………………（10）

第二单元 客户服务控制………………………………（11）
模块一 客户服务质量控制…………………………（11）
模块二 客户服务过程控制…………………………（12）
模块三 客户服务投诉处理…………………………（14）
考核指南………………………………………………（17）

中篇 前厅服务

第三单元 前厅服务概述………………………………（18）
模块一 前厅部的概念、任务、地位及作用…………（18）
模块二 前厅部的机构设置、员工必备素质和仪容仪表
　　　　要求…………………………………………（20）
考核指南………………………………………………（25）

第四单元　前厅预订服务·····································（26）
　　模块一　基础知识···（26）
　　模块二　服务技能···（33）
　　考核指南···（37）

第五单元　前厅行李服务·····································（39）
　　模块一　基础知识···（39）
　　模块二　服务技能···（46）
　　考核指南···（51）

第六单元　前厅接待服务·····································（53）
　　模块一　基础知识···（53）
　　模块二　服务技能···（72）
　　考核指南···（76）

第七单元　前厅问询服务·····································（78）
　　模块一　基础知识···（78）
　　模块二　服务技能···（92）
　　考核指南···（95）

第八单元　前厅结账服务·····································（97）
　　模块一　基础知识···（97）
　　模块二　服务技能···（107）
　　考核指南···（112）

第九单元　前厅总机服务·····································（113）
　　模块一　基础知识···（113）
　　模块二　服务技能···（119）

考核指南……………………………………………………(124)

第十单元　商务中心服务……………………………………(125)

　　模块一　基础知识………………………………………(125)
　　模块二　服务技能………………………………………(131)
　　考核指南…………………………………………………(133)

下篇　客房服务

第十一单元　客房部概述……………………………………(134)

　　模块一　客房部的概念、任务、地位及岗位设置………(134)
　　模块二　客房的种类和等级标准、员工必备素质和
　　　　　　要求……………………………………………(148)
　　考核指南…………………………………………………(170)

第十二单元　客房的清洁保养………………………………(171)

　　模块一　基础知识………………………………………(171)
　　模块二　服务技能………………………………………(180)
　　考核指南…………………………………………………(189)

第十三单元　客房服务中心…………………………………(190)

　　模块一　基础知识………………………………………(190)
　　模块二　服务技能………………………………………(193)
　　考核指南…………………………………………………(196)

第十四单元　公共区域的清洁保养…………………………(198)

　　模块一　基础知识………………………………………(198)
　　模块二　服务技能………………………………………(201)
　　考核指南…………………………………………………(205)

上篇 客户服务

第一单元 客户服务基础知识

模块一 客户服务基本概念

一、客户

客户是接受产品的组织或个人，任何一个企业都有自己的客户，只是不同类型的企业，客户的内涵有所不同，酒店企业也不例外。对于酒店来讲，客户概念是怎样的呢？酒店"客户"就是指酒店提供的产品或服务的所有对象，它不仅包括酒店的供应商、合作公司及所属的不同职能部门等，而且包括酒店众多的有不同需求的消费个体或群体，即消费者。由于酒店客户的存在，酒店企业才得以生存、发展。客户是酒店的生命线，是酒店利润的来源，为了更好地理解酒店的客户概念，我们可以从不同的角度对客户进行分类。

1. 按时间划分客户

从时间角度，酒店的客户可分为三大类：

（1）过去型客户。这类型客户曾经可能一次或多次接受过酒店所提供的产品或服务，如曾经来酒店入住、用餐或参加大型会议（会展）等，只是现在没再作为消费者来过酒店，尽管如此，这些人仍然是酒店的客户。

（2）现在型客户。这类客户现在正是或正在成为酒店消费者，如已预订了客房、餐厅、会议室的团体及个人。这是我们这

· 1 ·

里所讲客户服务员所应服务的重点对象。

（3）未来型客户（潜在型客户）。这类客户虽然从来没有接受过酒店所提供的产品或服务，但在未来他们可能会成为酒店的消费者。这是酒店营业推广所应重点关注的范围，作为客户服务员，最重要的是做好本岗位的客户服务，努力形成口碑效应，争取将未来型客户转化为现在型客户。

2. 按所处位置划分客户

这是一种被普遍认同的分类方法，按此方法客户可分为两种类型：

（1）内部客户。这类客户主要指酒店内部的从业人员，包括基层员工、主管等在内，除此之外，酒店内部在上级与下级、部门与部门、母子公司（连锁公司、集团公司、控股公司）间都存在着酒店与客户的关系问题。

（2）外部客户。这就是我们常说的顾客（消费者）。这类顾客分为两种，一是酒店能直接获得利益的显著型客户，包括重要客户（VIP客户），二是与酒店建立长期伙伴关系或战略联盟，不能为酒店创造直接收益，但可转变为显著型顾客的隐藏型客户。

二、服务

国际标准 ISO 9004—2《服务指南》明确指出，服务是"为满足顾客的需求，供方与顾客接触的活动和供方内部活动所产生的结果"。也就是说，服务是一种劳动方式，不是以实物形式而是以提供劳动的形式满足他人某种需求的活动。这种劳动不同于物质生产劳动和精神生产劳动，不创造实物产品，但又必须以实物产品为依托。服务作为一种商业策略，能使酒店提高核心竞争力，达到竞争致胜的目的，"服务竞争"是未来酒店行业竞争的一个核心领域。

三、客户与服务

1. 客户服务的概念

客户服务是指酒店通过以设施、设备和产品为依托向客户所提供的劳务活动。据此，应该清楚客户服务的主体、对象及服务方式。真正的客户服务应该是这种劳务活动使客户的需要得到满足。酒店的经营离不开客户，因此，客户服务始终贯穿于酒店整个经营活动过程中。

传统的客户服务与管理注重营销，而对客户本身的关注程度不够，在酒店业中，买方市场占主导地位，同档次的酒店向客户提供相同或类似服务现象非常普遍，竞争更加激烈，大多数酒店管理者已经认识到：客户不仅仅是购买者，他们还有得到尊重并获得服务的满足感等真正需求，而客户服务也不只是客户服务一个部门的责任。客户服务作为现代商业策略的重大支柱，是现代酒店获得竞争优势的核心，如何摆脱旧经验模式，建立起现代客户服务思想，为客户提供有效的服务，是酒店经营成败的关键。

2. 客户服务的特点

客户服务是一种特殊的产品，它和一般产品相比，具有自身的特点：

(1) 无形性。这是客户服务最明显的特点，它不像其他实物一样具有产品形状、颜色、重量等直观属性，而仅表现为活动形式，购买前无法确定其效用程度，具有购买风险，在接受服务后很难对服务质量作出准确、客观的评判。因此，要让客户对酒店客户服务产生期望与需求，需通过宣传和服务等有形展示活动，向客户提供信息、树立形象，从而增强客户的信任感。

(2) 同一性。即客户服务的生产与消费在酒店同时进行。一般的产品从生产、流通到消费的一系列环节过程中，时间和地点都是不同步的。而酒店客户服务则不同，客户服务员在向客户提供酒店的有形产品和服务的过程，既是生产的过程，也是客户消费的过程。服务的质量直接受到客户检验，这对客户服务员提出了更高的要求，每个客户服务员应重视每一次服务质量。

(3) 不可储存性。这是由客户服务同一性决定的。有形产品一般有一定的保质期和使用寿命，顾客在购买后，便从商家获得所有权，可以储存起来或多次使用。而客户服务是出租酒店客房、餐厅、会议场所、娱乐场所等其他综合性设备、设施，并提供服务，使客户获得在特定时间、场所的使用权，而非所有权。与此同时，客户服务受设施、设备、产品和时间等因素的制约，不能提前生产出来储存备用。

（4）不稳定性。不稳定性是指服务不能像产品一样实现标准化，每次服务给客户带来的满意程度是不一样的。同一客户服务员对不同的客户提供相同的服务，或者同一客户接受不同服务员提供相同的服务，其效用评判都不一样，从而使客户服务出现不稳定性。这主要有三个方面的原因：一是客户服务员自身因素，如服务技能、心理素质、综合素质等不同；二是客户因素，每一个客户其自身的文化程度、知识水平、社会背景、阅历、喜好、习惯不同等；三是客户服务员与客户之间的相互体验，两者在不同的时间、场所，对服务的提供与体验也不一样。

3. 客户服务的理念

客户服务的理念是酒店的一种观念，酒店通过内外结合，双向沟通等方式，在平等互利，共同发展的基本原则基础上开展为客户服务活动，其目的是为了争取客户的理解与支持，为自身的生存与发展营造良好的内、外部环境。为此，在客户服务过程中，必须坚持企业经营后营销时代的服务理念和思想。

（1）客户永远是对的。这句话应作为为客户服务的基本出发点，即客户服务员在处理问题时应站在客户的立场，替客户着想。客户（可能是团体）可能提出超出酒店提供的服务和产品之外的要求，我们就认为客户"错了"，实际上"错"在服务人员，因为我们没有满足客户的需要，没有站在客户需求上提供服务，没有充分理解客户的想法和心理状况。根据人际关系学理论显示，人与人接触中有70％会产生误会，只有30％才是相互理解，因此，服务过程尽量将"对"留给客户，学会"得理让人"，只有客户"对"了，才能提高客户的满意度，培养客户的忠诚度。

（2）客户永远是上帝。把客户视为上帝，不是搞崇拜论和有神论，而是正确看待客户重要地位的一种观念。酒店作为企业，在不同的发展阶段有着不同的经营目标和任务，但无论怎样，都离不开客户，客户是酒店生存之本，发展之源，这是酒店经济属性和社会属性所决定的。奉行"客户是上帝"的服务思想就是要坚持一切以客户需求为中心，在服务过程中，尊重客户的各种权利，认真履行应尽的职责，围绕客户满意为标准，增加服务投入（包括服务员的培养、培训），扩大服务项目，改善服务设施和服务水平，建立全面服务质量保障体系，提高客户服务质量。

（3）客户永远是亲人。客户服务过程是一个复杂的过程，在此过程中把客户当亲人，以礼相待，可以避免将酒店与客户之间的关系当做单纯的"买卖"关系。通过以真切的情感接待客户，想客户之所想，急客户之所急，从而获得客户更大热情、更多次数的购买，在相互理解、相互支持中进一步融洽双方的关系，争取更多的回头客。

模块二　客户服务职责

一、客户服务人员的职业道德

职业道德是指从事某种工作、职业的人们在长期的职业生活实践中应遵循的道德规范以及与之相适应的道德观念、情操和品质。客户服务人员职业道德表现主要有以下几个方面：

（1）有热爱服务工作的献身精神。

（2）有文明礼貌的职业风尚。

（3）有诚实守信，一视同仁的服务作风。

（4）有团结协作、克己奉公的精神。

（5）有严格的组织纪律观念，有主人翁的责任感。

（6）遵守商业道德，公平竞争，珍惜职业荣誉。

二、客户服务人员的素质

客户服务工作在现代酒店服务工作中越来越重要。作为一名客户服务人员，应该具备哪些素质呢？或者要掌握哪些技能呢？具备什么样的条件才可以成为一个优秀的客户服务人员呢？

（1）心理素质要求。具有良好的应变力和忍耐力，能够经受挫折、打击的承受能力，良好的情绪自我掌控、调节能力，积极进取的良好心态。

（2）思想素质要求。具有正确的世界观和人生观，坚定的服务思想，高尚的职业道德，良好的纪律修养。

（3）业务素质要求。熟悉酒店的产品，能熟练运用服务礼节，具有较为丰富的服务知识及经验，良好的有声语言表达能力和优雅的无声语言表达技巧，细致的观察力和敏捷的思维，良好的交际沟通能力，良好的倾听能力，专业的客户服务电话接听技巧。

（4）综合素质要求。具有良好的服务观念，独立分析问题和解决问题的能力。

（5）身体素质要求。具有健康的体格，强健的体质，充沛的精力，端庄的仪容仪表。

三、客户服务职责

客户服务员是通过提供产品和服务满足客户的专业人才。由于客户服务是一个系统工程，需要酒店各个部门、各级人员分工合作，各个客户服务岗位具体职责不尽相同（前厅、商务中心、客房等部门的客户服务职责与内容，我们在后面的相关模块有所介绍），综合起来，客户服务的主要职责是：

（1）认真贯彻、执行国家、行业的各项有关方针政策。

（2）严格遵守酒店的有关规章制度和管理制度，听从统一指挥，服从工作分配，严格执行工作指令。

（3）按酒店客户服务要求着装，整洁、大方，按时上下班。

(4) 负责所属岗位或区域客户服务工作，熟练掌握服务礼仪、礼貌常识及各种业务技能并灵活运用到日常服务工作中。

(5) 负责接听客户电话或接受当面预订工作，并记录在案，负责通知或落实。

(6) 负责接待客户服务来访、咨询工作，热情、认真、耐心，确保质量记录的完整、准确有效，并做好归档工作。

(7) 负责接待客户投诉，并在自己的职责范围内帮助客户解决问题，如不能解决，应该及时报告上级管理部门和人员，并做好工作记录。

(8) 负责对客户档案资料的管理工作，分析客户心理，了解客户对酒店设施的要求和各方面的需求，向经理提供客户信息。

(9) 做好日常设备、设施的使用及保养工作，发现问题及时上报，及时维修，确保服务工作正常运转。

(10) 完成本职工作的同时做好其他临时交办的工作。

模块三　客户服务规范

由于酒店能为客户提供多方面的服务，其服务规范也是多方面。下面介绍会议客户服务规范有关内容。

一、会议客户服务类型

一般在酒店接待的会议类型主要以下几种：

(1) 研讨型会议。这种会议专业性较强，与会人员不多，一般不会超过100人，会场除一般性的主会场外，通常需要一些小型会场，以方便分组讨论。主会场的布置除保留主持人外，其他座位安排要体现平等精神，发言用的麦克风应该每个座位一个（除非人数少于15人）。

(2) 培训型会议。它也是专业型会议，通常是企业内部或者教育部门举办。除带有研讨性质外，更多的是知识传授，对场地及培训设施的要求相对较高。

(3) 社团型会议。通常是一种单纯的会议，在会议服务中表决设施、与会人员排序及会场控制是关键。

(4) 技术（公益）论坛型会议。这类会议多为公开性会议，系列分会将是此类会议的特点，对会议设施要求比较高，如同声传译、多媒体、视频直播等，服务接待的重点是会务交通。

(5) 订货交流会议。这种会议实际上兼有展览性质，因此，会场的要求相对特别，一般只有小型订货交流会，可以设立在大型商务型酒店，服务的关键是会场控制、展览布置等。

二、会议客户服务内容

(1) 为客户代订酒店、餐厅、会议室。

(2) 为会议提供服务接待人员，协助会务工作（包括办理代表签到、咨询、解释、资料整理、分房、就餐等）。

(3) 全天接送参会代表，免费为与会人员代订返程飞机票。

(4) 提供外语翻译，摄像、音像设备、投影仪等服务及设备。

(5) 搭台布展，协助布置会场等服务工作。

(6) 根据客户要求邀请参会人员。

(7) 为会议期间的重要客人提供特殊照顾和服务。

(8) 提供会议期间的后勤保障和外围协调服务。

(9) 安排参会代表的会后考察活动。

具体的服务内容应根据客户要求进行，有些是基本服务项目，有些是增值服务项目。

三、会议客户服务规范（一般国际型会议、大型会议）

1. 会议服务流程

(1) 了解会议名称、性质、开会时间、与会人数及布置要求。

(2) 落实接站人员及车辆的安排。

(3) 根据人数和要求，确定会议的台形，也可根据客户要求摆放（剧院式、教室式、回型式、U型台、讲台、舞台）。

（4）根据要求先将所需的各种用具和设备准备好（会议桌椅、台布、台裙、盖杯、开水、茶叶、烟缸、小毛巾、火柴、纸、笔、横幅、鲜花等）。

（5）按要求将所需设备摆放就位，并调试好相关设备，如麦克风、幻灯机、电视机、录像机、调试音响等，开启灯、空调（温度灵活控制，一般在 22~24℃）。

（6）根据要求，将指示牌放在特定位置，检查台形、台面、用具摆放是否符合标准。

（7）迎接宾客，引导入座。

（8）会中服务。

（9）欢送与会代表、结账、整理会议记录，并存档。

2. 具体服务规范

（1）准备工作

①接到会议通知后，掌握会议名称、性质、规格、时间、地点、人数、身份、要求。

②根据酒店和客户的要求，安排和布置会场，提前在酒店、会议室摆放好会议欢迎条幅、欢迎牌、签到台、地图及指示牌等相关资料。

③摆放桌椅茶具及其他用品。摆放桌椅，两座位之间距离 10 厘米左右，前、后排之间行距以 80 厘米为宜，多放 2~3 个座位；茶杯放在茶碟上，并套上已消毒的纸袋，茶具、茶水离前桌沿 2~3 厘米摆放，离茶几边约 5 厘米摆放茶杯，茶杯把向右，并在适当位置摆放烟缸，火柴放在烟缸上；文件夹离下桌沿 2~3 厘米，笔放于文件夹右侧 2~3 厘米处；鲜花、香巾碟放于两座位正中，鲜花距上桌沿 2~3 厘米，香巾碟与两桌沿等距；会议开始前半小时，各项准备、检查工作就绪。

④迎宾：开会前 15 分钟，VIP 会议服务于会前 30 分钟到岗，在门口等候，询问来人是否为参会人员，必要时引坐。要求服务员着装要整齐，仪表规范，站立标准，精神饱满，热情接

待，敬语迎接，礼貌服务，做到主动、热情、耐心、周到，重视第一印象。

（2）会中服务

①从主宾起沿顺时针方向进行茶水服务，凉开水要新鲜，无水碱，热开水的温度不低于90℃。

②斟水、上方巾应两人分工进行，并注意顺序和相互配合。

③茶水加至七或八成，方巾冬热夏凉。

④一般每10分钟斟水1次，3次后视情况而定。

⑤用毛巾夹将方巾送到客人手中，送茶水时右手以中指和食指夹茶杯盖头，然后斟茶，备方巾1张，及时擦掉桌上水印。

⑥有人找或客人有电话，小声通知或请客人代转。

（3）结束工作

①结账：及时提供会议过程中的详细费用发生明细及说明，与客户进行核对，并结账。

②整理：收集会议资料，并归口存档，根据客户要求制作会议通讯录或花名册。

考 核 指 南

考核内容

1. 什么是客户？酒店客户有哪些？
2. 什么是服务和客户服务？客户服务特点有哪些？客户服务要坚持什么样的服务理念？
3. 客户服务人员应具备什么样的素质？
4. 客户服务人员有哪些职责？
5. 会议客户服务的流程有哪些？
6. 如何进行规范的会议客户服务？

考核方式

笔试或口试。

第二单元　客户服务控制

模块一　客户服务质量控制

一、酒店客户服务质量控制的概念、特点和任务

　　酒店客户服务质量控制是指采用一定标准和措施来监督和衡量服务质量管理的实施和完成情况，并随时纠正服务质量管理目标的实现。它是从酒店系统出发，把酒店作为一个整体以控制酒店客户服务的全过程，以提供最优质的服务为目标，运用一整套服务质量管理体系、手段和方法，以客户服务质量为对象而进行的一系列活动，具有全方位性、全过程性和全员性。酒店客户服务质量控制有两个方面的任务，一是实施服务质量控制所涉及的一系列程序工作，如建立酒店服务质量控制的组织机构、制定服务标准，进行检查处理，对存在的质量问题进行分析等；二是各客户服务岗位具体的服务质量控制体系，也就是把第一方面的内容分层次落实到客户服务的具体工作中去。

二、酒店客户服务质量控制的方法

　　(1) 事前服务质量控制。它是服务质量控制的重要内容，贯彻预防的方针，主要包括三个方面：一是设施质量控制，包括设施、设备的安全程度、舒适程度及配备的合理程度；二是物品供应质量控制，主要指服务用品的数量、质量、规格、供应时间、保证程度；三是服务思想准备。

　　(2) 服务过程中的服务质量控制。一是层级控制，即通过各级管理人员一层管一层地进行，主要控制重点程序中的重点环节；二是现场控制，服务质量的偏差往往是一瞬间发生的，有些偏差需要立即纠正，因此要加强现场控制。

(3) 事后服务质量控制。事后服务质量控制是指及时收集各种信息，并对各种信息进行分析，及时发现问题，找出原因，从而有针对性地采取措施，保证客户服务质量目标的实现，从中吸取经验教训。

模块二　客户服务过程控制

一、客户服务过程控制概念

在日常客户服务活动中，90%以上都是由两个或两个以上的员工共同参与、协作完成的任务。为解决一项工作（任务）而进行的相互关联或相互作用的所有序列化的活动集合，称为"过程"。而过程控制就是以计算机自动化等方式度量并控制，最终使过程达到期望的成熟度，确保过程结果的正确性和高效性的活动。因此，酒店客户服务过程控制就是从最根本的角度对酒店活动进行度量监控和持续优化，是酒店进行各种管理行为的基本出发点。通过现代的技术手段进行过程控制，达到过程的可视、可控、可优化的目的。以加强管理和监督力度，最终达到提高酒店运行效率，降低成本，增强规范化和标准化，就成为酒店优化管理，提高服务质量的最根本、最有效的办法。

二、客户服务过程控制实施

做好客户服务过程控制，就要做好客户服务控制的基础工作。

(1) 做好服务质量信息工作。服务质量信息工作是反映服务质量的各种信息，如各种服务质量统计表、客户意见表、服务工作的原始记录，是控制服务质量、发现质量问题、改进服务质量的重要依据。做好服务质量信息工作分为三个方面：一是做好接待业务过程中服务质量信息资料；二是做好服务后的服务质量信息资料；三是做好国内外同行业的服务质量信息资料。

（2）加强过程分析和合理设置质量控制点。质量管理的最基本思路就是通过对酒店运行中的每一个过程进行调查、分析，从而确定质量管理的总体状况，所以，酒店应根据自身特点具体研究和确定有哪些过程，包括与客户有关的过程、识别客户需求的过程、产品服务实施的过程、使客户满意的过程等，并规定为取得预期效果所必需的关键活动。还应识别每个过程与相关职能部门之间的关系，将实施过程的职能分配落实到相关的部门和岗位，清晰地规定实施过程的职责和权限，并对接口进行必要的控制。

（3）严格遵守客户服务规程。客户服务规程规定了客户服务过程所包含的内容和作业顺序，以及所应达到的规格和标准，它能使我们的客户服务工作规范化、系列化、系统化。客户服务质量控制一方面靠预防，防患于未然，杜绝发生服务质量事故；另一方面靠检查，有了服务规程，服务质量的检查有了标准，发现偏离规程的问题就进行纠正，把服务质量控制在规程范围之内。因此，认真遵守客户服务规程才可能使客户服务质量得到有效控制。

（4）建立过程控制信息沟通渠道。在客户服务过程中，服务具有复杂性、多变性，对质量检查、责任分析或措施执行中的诸多意见实行统一管理，建立起畅通的过程控制沟通渠道，避免令出多头，保证控制信息的准确、及时、有效。

（5）有效控制不良服务。许多酒店对客户服务检查中发现的问题，往往忽视原因分析、措施制定等有效控制手段，对问题的处理仅局限性于表面的责任落实与处罚，结果是同样的问题重复出现。出现问题进行纠正固然重要，但更重要的是如何防止同类事件不再出现。因此，处理问题时必须分析制定预防措施、处理和教育责任人，从而加强过程控制。

(6) 重视和加强自身服务教育，提高服务素质。客户对服务质量的满意程度并不简单地取决于技术质量和功能质量的高低，还取决于顾客对酒店服务的期望质量与实际效用。为了保证客户服务过程中的服务质量，无论从事什么岗位的客户服务，一是要增强服务意识，牢固树立"服务质量第一，客户至上"的思想，懂得服务质量是酒店的生命线，懂得服务质量管理的一些方法，自觉提高服务质量，并参加服务质量管理；二是提高自身的业务素质，自觉参加各种教育和培训。

模块三　客户服务投诉处理

一、客户服务投诉原因

投诉是客户对服务不满意的表示。不论正确与否，从不同的角度来说，客户投诉原因有多种，但概括起来说，其原因可分为两种：

(1) 结果不满意。主要是指客户认为所购买的产品和服务没有达到预期的效用，如菜品质量存在问题、价格有争议、设施设备不配套等。结果不满意的主要特征是客户物质上有损失，从而产生投诉。

(2) 过程不满意。主要是指在接受产品和服务过程中心理感受不满意，如服务过程中言行不规范、服务态度不好、服务效率低下、接送行李不及时、电话无人接听等，其关键就是客户感觉受到了精神伤害。

在酒店业中，由于服务是一种特殊的产品，服务结果和服务过程很难分开，客户投诉也经常是对过程和结果都不满意。据调查在所有不满意的客户中，有69%的客户从不提出投诉，有26%的客户向身边的服务人员口头抱怨，只有5%的客户会正式投诉，而销售份额中有70%来自老客户，开发一个新客户的成本是留住一个老客户的 5~10 倍。因此，正确认识和处理客户投诉十分重要。

二、客户服务投诉处理的原则与程序

客户服务投诉处理要坚持及时性、权威性、客观准确性、合理真实性的原则，坚持"客户至上""客户永远都是对的"的服务理念和原则，既要多从客户的立场，换位看问题，又要注意考虑客户和酒店双方的利益。一般处理程序是：

（1）对客户的投诉表示欢迎，承认客户的投诉事实。应把投诉客户当成我们真正的朋友，正确认识投诉。

（2）认真倾听客户的投诉，让顾客发泄。客户进行投诉本身就很生气，当你让客户发泄后，他就不再生气了，因为客户投诉的目的就是表达他的感情，并解决他的问题。客户发泄时，客户服务员最好的处理方式是不辩解、认真倾听。当然，也要保持与客户情感上的交流，把客户投诉的问题弄清楚，不要让客户觉得你是在敷衍他。

（3）对客户表示同情和道歉。同情并不代表你同意客户的观点，道歉并不意味着你做错了什么，只是表明你能感受到客户的心情，关心他在酒店里所期望的优质服务。

（4）收集、分析投诉信息。在自己没有把握的情况下，现场不要下结论，也不要轻易承诺。必要时与同行服务人员协商一下，或者向上级领导请示处理方式。

（5）提出投诉处理办法，并征询客户的意见。对客户的问题提出处理办法才是我们处理投诉的根本。提出投诉解决办法后，向客户解释、说明与沟通，争取客户的同意。

（6）客户同意处理方案后，感谢客户的批评，签订处理协议（或相关书面材料）。

（7）将投诉信息及处理意见、协议等反馈回酒店有关部门存档备查。

（8）对处理结果进行落实、检查、监督和跟踪，直到客户答复满意为止。

三、客户投诉处理的方法与技巧

由于客户投诉内容可能涉及酒店的服务态度、服务效率、服务方法、设施设备、产品、环境等方面。而投诉的客户类型有理智型、发怒型、失望型等，所以，不同投诉内容的投诉客户，其具体投诉处理的方法与技巧有所不同，在实际工作中，可以综合运用以下几个方法：

（1）倾注诚心，耐心多一点。在实际处理中，无论是接受客户投诉，还是与客户沟通时，都要站在酒店真诚对待客户的高度，耐心倾听客户的抱怨与投诉，不时地沟通，不能轻易打断客户的叙述，不要辩解，更不能批评、抱怨客户。相反，要鼓励客户倾诉下去，给他们尽情发泄心中不满的机会，当耐心地听完了客户的倾诉与抱怨后，当他们心理得到满足之后，就能很自然地接受客户服务人员的同情与理解，接受客户服务人员的道歉和解释。

（2）提高素质，态度好一点。客户有抱怨或投诉就是表现出客户对酒店的产品及服务不满意，提出投诉和抱怨之后都希望自己的问题受到重视，从心理上来说，他们会觉得酒店亏待了他。因此，如果在处理过程中态度不太好，处理这些问题的人员的素质会影响客户对解决问题的期待，会让他们心理感受及情绪变差，以至恶化与客户之间关系。相反，如果服务人员素质较高，礼貌热情、态度诚恳、谦和、友好，就会促使客户平静心绪，降低抵触情绪，就会理智地与服务人员协商解决问题。因此，处理投诉时，应尽可能派素质高、态度好的服务人员，这样会使问题得到圆满解决。

（3）提高效率，办法多一点。客户抱怨或投诉很大程度是因为他们接受酒店产品和服务后，在物质利益或精神上受到了损失，因此，客户投诉之后，往往希望得到补偿。我们可采用领导慰问、道歉、优惠、赠小礼品，也可邀请客户参观成功经营或无差错服务,或邀请他们参加酒店的活动等诸多解决问题的办法,让客户得到物质或精神上的额外补偿。与此同时,应注重提高解决问题的效率。一方面可以及时防止客户投诉所产生的负面影响,另一方面表示酒店解决问题的诚意,让客户感觉受到了尊重,从而让客户对酒店产生再次消费的信心。

(4)礼貌服务,语言得体。客户对酒店服务不满意,在投诉过程中有可能会言语过激,服务人员在处理过程中,一定要坚持礼貌服务,礼貌用语,讲究语言艺术,多用请求、建议、劝告式的语言和语调,不用命令、训诫式的语气说话,多用婉转的语言与客户沟通,避免用过高或过低的音调说话。措辞也要十分注意,用词造句准确,说话要讲究语法结构,要合情合理,得体大方,多用"您、您好、请、谢谢、对不起、再见"等礼貌用语,即使客户存在不合理的地方,也不要过于冲动,否则,只会令客户失望,导致更多的投诉。

考 核 指 南

考核内容

1. 如何进行客户服务质量控制?
2. 如何进行客户服务过程控制?
3. 酒店客户服务投诉处理原则与程序有哪些?
4. 客户投诉处理的方法与技巧有哪些?

考核方式

笔试或口试。

中篇 前厅服务

第三单元 前厅服务概述

模块一 前厅部的概念、任务、地位及作用

一、前厅部的概念

前厅部是负责招徕并接待客人、推销酒店产品与服务、组织接待工作、进行业务调度的部门。其主要机构均设在客人来往最频繁的酒店大堂地段。

前厅具体负责的工作主要有客人订房、登记、客房状况控制、客人账务的结算与审核、前厅综合性业务管理及联络、协调各部门对客服务。

二、前厅部的任务

（1）销售客房。前厅部的首要任务是销售客房。前厅部推销客房数量的多少，达成价格的高与低，不仅直接影响酒店的客房收入，也影响住店人数的多少和消费水平的高低，从而也会间接地影响酒店其他部门的收入。

（2）正确显示房间状况。前厅部在任何时刻都必须正确显示所有房间的状况——住客房、走客房、待打扫房、待售房、维修房等，为客房的销售和分配提供可靠的依据。

（3）提供相关服务。前厅部必须向客人提供相关的各项优质服务，如订房、登记、问询、电话、行李、留言、邮件、委托代办、换房、退房等。

(4) 协调对客服务。前厅部要向有关部门下达各项业务指令,协调各部门解决执行指令过程中遇到的问题,联络各部门为客人提供优质服务。

(5) 整理和保存业务资料。前厅部应随时保持最完整、最准确的业务资料,并对各项资料进行记录、统计、分析、预测、整理并存档。

(6) 建立客账。建立客人账户是为了记录和监督客人与酒店的财务关系,以保证酒店及时、准确地得到营业收入。客人的账单应在客人预订客房或是在办理入住登记手续时建立。

(7) 建立客史档案。酒店应为重要客人(VIP客人)和住店一次以上的散客建立客史档案。可按照客人姓名字母顺序排列的方法,在客史档案上记录相关内容,以便为客人提供针对性服务。

三、前厅部的地位和作用

1. 前厅部是酒店业务活动的中心

(1) 前厅部的首要任务是推销客房及其他产品。客房是酒店销售的主要产品,客房的营业收入一般要占酒店全部营业收入的40%~60%。酒店每天客房出租率的高低在很大程度上取决于前厅部的销售工作。因此,前厅部的全体员工应全力以赴,按酒店已定的价格政策,积极推销客房,从而带动酒店其他产品的销售。

(2) 前厅部是酒店经营活动的主要信息源,它包括酒店经营的外部市场信息和内部管理信息。不仅要有意识地收集这类信息,而且要对其进行加工处理,并将其传递到客房、餐饮等经营部门和相应的管理机构,以便采取相应的决策,搞好对客服务。

(3) 前厅部自始至终是为客人提供服务的中心,是客人与酒店联络的纽带。服务人员为客人服务从客人抵店前的预定、入住、直到客人结账、建立客史档案,贯穿于客人与酒店交易往来的全过程。

2. 前厅部是酒店管理机构的形象代表

前厅部是给客人留下第一印象的岗位,因此,前厅部工作人员的言行举止、工作态度、业务能力等尤为重要。如果工作人员能以礼貌的态度待客、以娴熟的技巧为客人提供服务,或妥善处理客人投诉,认真有效地帮助客人解决问题,那么客人对酒店的其他服务就会感到放心和满意,反之,客人对一切都会感到不满。由此可见,前厅部的工作直接反映了酒店的工作效率、服务质量和管理水平,直接影响酒店的总体形象。

3. 前厅部是酒店管理机构的参谋和助手

作为酒店业务活动的中心,前厅部应及时收集有关整个酒店经营管理的各种信息,并对这些信息进行认真的整理和分析,每日或定期向酒店管理机构提供能够真实反映酒店经营管理情况的数据和报表。除此之外,还应定期向酒店管理机构提供咨询意见,作为制订和调整酒店计划和经营策略的参考依据。

综上所述,前厅部是酒店的重要组成部分,是加强酒店经营管理的第一个重要环节。

模块二　前厅部的机构设置、员工必备素质和仪容仪表要求

前厅的布局如图3—1所示。

图3—1　前厅的布局

一、前厅部的机构设置

前厅部的机构设置、职责的划分、人员的配备应根据酒店的性质、规模、地理位置、经营特点和管理方式来确定，不可生搬硬套。防止出现机构臃肿、人浮于事的现象，特别注意应"因事设岗"，不应"应人设事""因人设岗"，出现运作过程中的"交叉地带"。但机构精简并不意味着机构过分简化，从而出现职能空缺现象。前厅部各机构及各岗位人员的职责和任务应明确，指挥体系应健全、高效，信息传达的渠道应畅通。在设置上不仅要便于前厅部内各岗位、各环节间的协作，而且要有利于前厅部与其他部门间的协调与配合。

前厅部的组织机构可分为大型酒店前厅部组织机构（见图3—2）、中型酒店前厅部组织机构（见图3—3）和小型酒店前厅部组织机构（见图3—4）。

由于酒店规模的关系，前厅部组织机构区别很大，主要表现在以下三个方面：

（1）大型酒店前厅部管理层次多，而小型酒店层次少。

（2）大型酒店前厅部组织机构内容多、范围广，而小型酒店内容少。

（3）大型酒店前厅部职能划分精细，不同职能由不同的岗位负责，而小型酒店则可能将其合三为一，甚至合四为一（如将客房预订、接待、问询、总台收银一并归总台服务）。另外，在众多大中型酒店的组织机构中，其前厅部与客房部是各自独立的部门，而有些小型酒店，则将前厅部和客房部合二为一，以减少管理费用，将客房销售与客房管理有效协调起来。

二、前厅部员工必备的素质

（1）良好的外部形象。前厅部员工代表整个酒店接待每一位客人。一般来说，客人会从服务人员的仪表、仪态、气质、风度等方面来评价对酒店的印象。服务人员良好的外部形象能让客人的心理得到愉悦，给客人留下美好的印象。

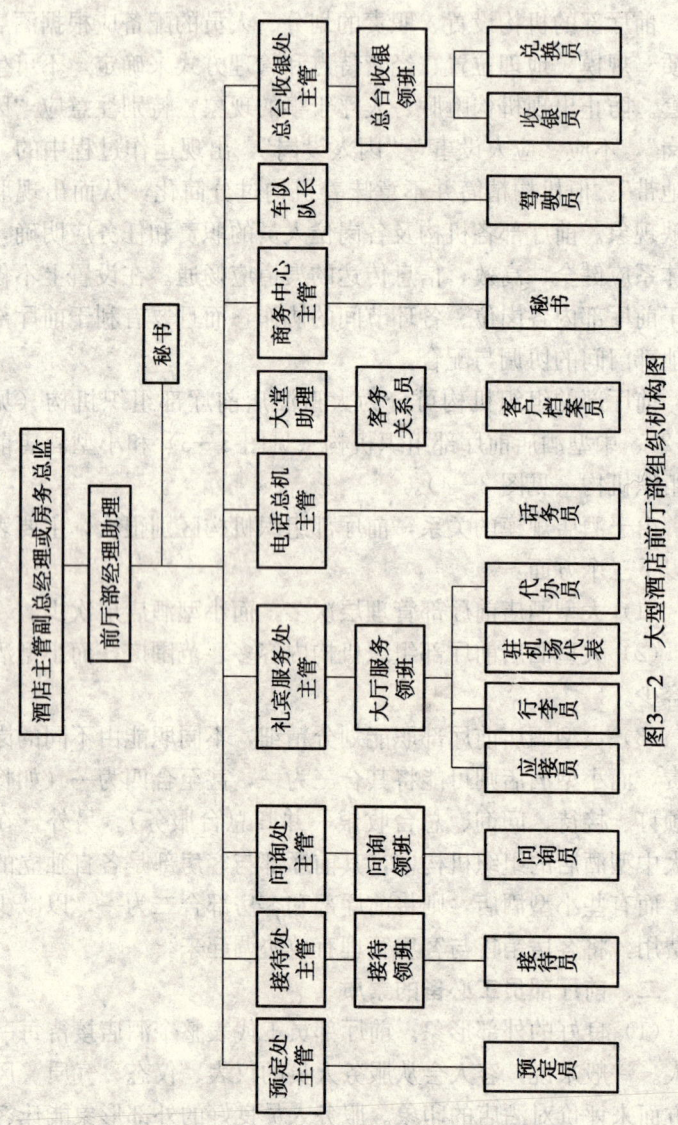

图3—2 大型酒店前厅部组织机构图

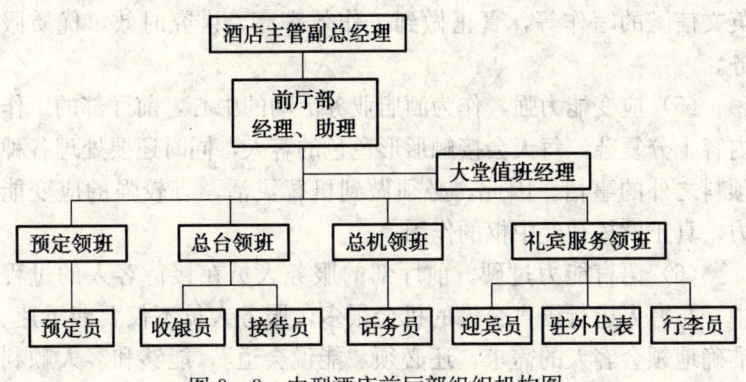

图 3—3 中型酒店前厅部组织机构图

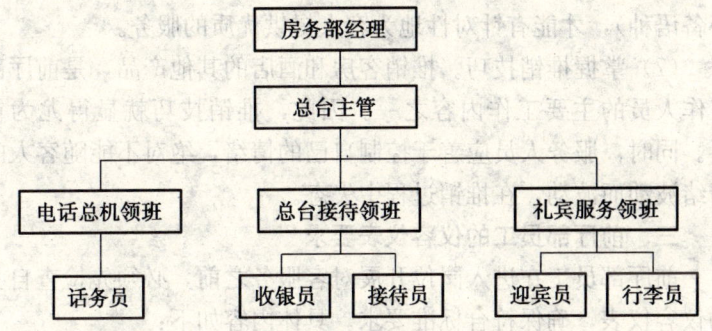

图 3—4 小型酒店总台组织机构图

（2）品行端正。前厅部服务人员必须品行端正，而且具有较高的修养水平。因前厅部的工作涉及价格、金钱及酒店的行业机密，如服务人员品行不端，就很容易利用酒店管理中的漏洞，为个人牟取私利。

（3）知识面较宽。前厅部员工必须懂得社会学、旅游心理学、民俗学、营销学、管理学、法学等知识，以接待具有不同职业、身份、文化背景、风俗习惯和社会各阶层的客人，为其提供个性化的优质服务。

（4）娴熟的业务技能。前厅部的工作人员应熟练掌握专业技能技巧，如打字、速记、电传、计算机操作、接打电话、常用中英文信函的写作等，真正做到工作效率高，讲究时效，优质服务。

（5）应变能力强。作为酒店业务活动的中心，前厅部的工作内容十分复杂，每天会接触形形色色的客人，同时还要处理各种预料之外的事情。因此，必须做到机智灵活，有较强的应变能力，真正发挥神经中枢的作用。

（6）语言能力过硬。前厅部的服务人员在接待客人的过程中，与客人进行语言交流的机会很多，服务人员不仅要能迅速、准确地领会客人的需求，还必须"能说会道"，能够和客人顺利地沟通、交流。因此，除普通话以外，还必须会说外语（英语为必备语种），才能有针对性地为客人提供优质的服务。

（7）掌握推销技巧。推销客房和酒店的其他产品，是前厅部工作人员的主要工作内容之一。因此，推销技巧就显得尤为重要。同时，服务人员应善于控制自己的情绪，绝对不能随客人的情绪波动而波动，在推销过程中失态。

三、前厅部员工的仪容仪表要求

前厅部员工在进入岗位开展对客服务之前，必须先检查自身的仪容仪表，确保符合标准要求。具体内容如下：

（1）发型美观大方，梳理整齐。男员工发迹线侧不过耳，后不过领；女员工长发需用深色发卡束起或盘起，不得披肩和戴其他头饰。头发要常洗，不得有头皮屑。

（2）面容清洁。男员工经常修面，不留胡须；女员工要化淡妆，不可浓妆艳抹。

（3）手部保持清洁，常修指甲，女员工不许涂有色指甲油。

（4）不可佩戴戒指、项链、耳环、手链、手镯等饰物。

（5）上岗必须穿酒店规定的制服及鞋袜，男员工穿黑色袜子，女员工穿肉色丝袜。

（6）服装须熨烫平整，纽扣齐全，干净整洁，服务工号牌端正地佩戴在左胸处。

（7）皮鞋保持清洁光亮。
（8）经常洗澡，身上无异味，保持皮肤健康。

考 核 指 南

考核内容
1. 前厅部的具体工作任务有哪些？
2. 试述前厅部的地位和作用。
3. 前厅部员工必备的素质和仪容仪表要求有哪些？

考核方式
笔试或口试。

第四单元 前厅预订服务

模块一 基础知识

一、预订处的业务范围

客人预先要求酒店为其提供客房称为客房预订。客人事先进行客房预订是为了避免酒店客满的风险,希望在抵店时所需客房准备妥当。而酒店之所以拥有预订系统,是想尽力为客人提供满意的客房,为酒店争取较高的住房率。

(1) 通过各种方式,积极推销客房。
(2) 接受或谢绝客人的订房要求。
(3) 订房资料的整理和归档。
(4) 制作预订报表,做好预订信息的传递工作。
(5) 做好超额预订的控制。
(6) 协调与接待处的关系。

二、预订处的业务岗位

1. 预订处主管

(1) 主要职责

①督导本处日常工作,编制预订处人员上班轮值表。

②及时编制和更新酒店订房记录,协助前厅部经理定期编制房间出租预测计划。

③审核所有收到的订房要求,亲自处理需要特别安排的订房事宜。

④参与前厅部对外订房业务谈判及签订合同。

⑤制订本部门培训计划，并对员工进行培训。
⑥将客满日期及时通报有关部门。
⑦与销售部联系，协调团体订房事宜。
（2）业务要求
①熟悉有关旅行社、航空公司及其他客户单位情况，同其保持联系。
②了解其他酒店的订房情况。
③了解酒店接待服务工作程序，熟悉酒店价格政策。
④熟悉前厅部的工作程序及政策。
⑤熟练地掌握酒店客房的推销技巧，了解酒店客房情况。

2. 预订员
(1) 主要职责
①负责与当地客户建立业务关系网，尽力推销客房。
②接受和承办客人各种形式的客房预订业务。
③及时向预订主管提供重要客人的到店信息。
④准确无误地填写客人预订表格并及时存档。
(2) 业务要求
①熟悉订房业务知识，能够随时与客户保持联系。
②具有打字，操作传真机、计算机，受理客人的预订，储存资料的能力。
③能够熟练地编制客房预测表，独立回复客人订房信函。
④了解酒店价格政策、服务基础知识和酒店各项设施。

三、预订的途径和种类

1. 预订的途径
（1）直接订房。由客人自己通过电话、邮件或传真的方式直接向酒店预订。
（2）间接订房。客人通过代理人、旅行社、航空公司或接待单位等中间预订的途径向酒店提出订房要求。

2. 预订的方式

(1) 口头预订
①电话预订。
②柜台口头预订。
(2) 书面预订
①信件预订。
②电报预订。
③传真预订。
(3) 网上预订。

3. 预订的种类

(1) 确认性预订。确认性预订是指酒店答应为订房的客人保留客房至某一事先声明的规定时间,但到了这一规定时间,客人仍未抵店,也无任何声明,如在用房紧张时期,酒店可将保留的客房出租给未预订而直接抵店的客人。确认性预订的方式有两种:

①口头确认。口头确认是指客人在即将抵店前或在抵店当天的订房。对于这类订房,酒店通常没有足够的时间予以书面确认,只能给予口头确认。预订员应注意弄清客人的抵店时间或所乘航班、车次,并提醒客人客房保留至入住当天 18:00,以免引起预订纠纷。

②书面确认。书面确认是指酒店接受了客人的预订并给客人发了确认书。例如:"××女士预订的×间标准客房。抵店日期:×月×日。致意。××酒店。"

(2) 担保性预订。担保性预订是指客人通过使用预订款、信用卡或签订合同等方法保证酒店的收入。酒店必须保证为这类客人提供所需的客房。此类预订不仅保证了客人的利益,使其免受超额预订的影响,同时也避免了在出现订房客人不到的情况下给酒店造成经济损失。

四、客房预订的程序

为了确保客房预订工作的高效运行,前厅部必须建立健全客房预订的程序。通常客房预订的程序可概括为以下几个阶段：

(1) 通信联系。

(2) 明确客源要求。

(3) 受理预订或婉拒预订。

(4) 确认预订。

(5) 预订资料记录储存。

(6) 修改预订。

(7) 抵店准备。

客房预订的过程是极其复杂的，而且准确率要求极高，故采用计算机来进行全过程的操作是十分必要的，不仅方便快捷，而且准确高效。

五、预订失约行为及其处理

1. 制定有关预订政策

预订政策的制定不仅能满足客人的要求，保护客人的利益，而且有利于酒店的经营与管理，使预订工作有章可循。同时，也可作为处理预订中发生纠纷的依据，保护酒店自身的合法权益。预订政策应涉及预订业务中容易出现问题的环节，其中包括以下内容：

(1) 酒店客房预订规程。包括客房预订操作程序、团体与散客预订比例、接受预订的数量和期限、超额预订的比例等。

(2) 酒店预订确认条款。明确需确认的对象、时间、方式等。

(3) 酒店预订金的收取条款。明确收取预订金的对象、形式、数量、限期或分段收取的方法等。

(4) 酒店预订取消条款。明确通知取消预订的期限、订金的退还手续、落实部门及方法等。

(5) 酒店对预订客人应承担的责任条款。明确因工作差错、疏漏、超额预订失误等而引起预订客人无法入住的处理规定，各项条款要便于操作。

(6) 酒店预订客人应承担的责任条款。明确预订客人因未能按期抵店、逾期离店、迟缓通知取消预订等的处理规定。

2. 超额订房

（1）超额订房的概念

超额订房是指在客房实数预订已满的条件下，再适当增加订房的数量和人数，以弥补因订房不到或临时取消订房而可能出现的客房闲置，避免不必要的经济损失。

（2）超额订房的计算公式

$$X = Q \cdot r - D \cdot f$$

式中　X——超订量；

　　　Q——客房预订量；

　　　r——临时取消的百分比；

　　　D——预计离店人数；

　　　f——延期住宿人数。

$$超订率 = 超订量 \div 可订量 \times 100\%$$

3. 预订失约行为及其处理

（1）预订失约行为产生的原因

①未能准确掌握可售房间的数量。

②预订过程中出现差错。

③未能真正领会客人的预订要求。

④各部门之间沟通不畅。

⑤预订员对预订政策缺乏了解。

⑥未能精确统计信息数据及实施超额预订过度。

（2）预订失约行为的处理

①解释原因并致以歉意，请求客人谅解。

②立即与其他同等级的酒店联系，请求帮助。若没有同等级的酒店，则应安排客人住档次稍高一点的酒店，高出的房费由本酒店支付。

③免费提供交通工具和第一夜房费。

④免费提供一两次的长话费或传真费，使客人能将临时改变

住处的信息告诉有关方面。

⑤临时保留客人的有关信息，便于为客人提供邮件及查询服务。

⑥向预订委托人致歉。

⑦向提供援助的酒店致谢。

(3) 预订失约行为控制的方法

①完善预订的各项政策，健全预订程序及其标准。

②加强与预订中心、预订代理处及接待处的沟通。

③注重对预订员的培训与督导，加强其责任心，提高其预订业务素质。

④由专人负责将预订信息按要求输入计算机或标注客房预订汇总表。

⑤加强预订工作的检查，避免出现差错和遗漏。

⑥合理配置部门人力资源，做到人尽其用。

六、预定部所需表格

1. 预定单（见表4—1）

表4—1　　　　　　　　预定单

预订者：＿＿＿＿＿＿＿＿＿＿＿

公司名称：＿＿＿＿＿＿＿＿＿＿

电话：＿＿＿＿＿＿　传真：＿＿＿＿＿＿

客人姓名　　　　　　抵、离日期及航班

＿＿＿＿＿＿＿＿＿＿＿＿＿＿＿＿＿＿＿＿＿＿＿＿

＿＿＿＿＿＿＿＿＿＿＿＿＿＿＿＿＿＿＿＿＿＿＿＿

房间种类：□单人间　　□双人间

　　　　　□普通套房

　　　　　□豪华套房

　　　　　□沙龙套房

　　　　　□行政套房

房价：＿＿＿＿＿＿＿＿＿加收15%服务费及每间每晚＿＿＿＿＿＿元的城建税

　　　　　　　　　　　条件与状态：＿＿＿＿＿＿＿＿

续表

*为了确保您预订的房间,请提供客人的信用卡号码。否则预订将于 18:00 取消
□此预订由客人信用卡担保
□信用卡种类及号码_____
有效日期:_____
□对于 18:00 以后到达的客人,公司予以担保
*如果当天未到,我店将收取以上预定的第一晚房费
付款方式:□客人自付款
公司支付如下费用:
□房费(包括服务费及城建税)
□房费加早餐
□所有费用(包括个人费用)
特殊要求:_____

确认者:
日期:

2. 重要客人(VIP 客人)呈报单(见表 4—2)

表 4—2　　　　重要客人(VIP 客人)呈报单　　年　月　日

房号	姓名	身份	接待单位	抵店时间	离店时间	客房种类			房租			备注
						T	S		T	S		
小计												

送:总经理室　大堂经理　公关营销部　餐饮部　客房部　前厅部　大厅　总机

制表人:

3. 重要客人(VIP 客人)接待规格呈报单(见表 4—3)

表 4—3　　　重要客人(VIP 客人)接待规格呈报单

团队名称贵宾情况	
情况简介	

续表

审批内容	1. 房费：A. 全免 B. 赠送会客室一间 C. 房费按_____收取 D. 按_____元收费 2. 用膳：在_____餐厅用餐，标准_____元/人 3. 房内要求：A. 鲜花 B. 小盆景 C. 水果 D. 果盘 E. 葡萄酒及酒杯 F. 欢迎信 G. 名片 H. 礼卡 I. 酒店宣传册 4. 迎送规格：A. 由_____总经理迎送 B. 由_____部经理迎送 C. 锣鼓迎送 D. 欢迎队伍 5. 其他		
呈报部门		经办人	部门经理
总经理批署			

模块二 服务技能

一、团队电话订房的受理程序（见表4—4）

表4—4　　　　团队电话订房的受理程序

操作程序	操作标准
1. 接听电话	铃响3声以内接听
2. 问候客人	（1）问候语：您好 （2）报部门：××酒店预订部
3. 了解客人单位	确认单位名称
4. 了解客人预订要求	（1）确认住店客人抵店日期、预住天数、人数 （2）确认房间种类，所需房间数量
5. 查看房态	（1）查看计算机或客房预订控制板 （2）确定有无客人所需的房间
6. 介绍推销房间	根据房间状况向客人推销客房
7. 决定是否接受预订	（1）根据实际房态确认预订 （2）确实不能满足客人要求，应向客人表示歉意
8. 填写预订单	根据实际情况准确填写预订单

续表

操作程序	操作标准
9. 确定价格	(1) 按照团队房价报价 (2) 在自己的权限内给予一定的折扣 (3) 确定价格后填写在预订单上
10. 确认付款方式	确定付款方式（现金、支票、转账），并填写在预订单上
11. 请客人作担保付款	(1) 请客人发一担保付款确认函（传真） (2) 要求客人在抵店前确定人数，并发送客人资料以备分配房间
12. 询问客人抵店情况	(1) 询问抵店时间和所乘交通工具 (2) 询问是否需要接机（车、船）服务 (3) 将详细情况记录在预订单上
13. 询问特殊要求	(1) 询问客人用餐情况 (2) 询问客人是否需要会议室等
14. 询问预订代理人情况	(1) 预定代理人姓名、电话号码 (2) 对上述情况做好记录
15. 复述预订内容	(1) 抵店日期、航班（车、船次） (2) 房间种类、房价、数量 (3) 付款方式 (4) 离店时间 (5) 接站车型、数量 (6) 用餐标准 (7) 代理人情况
16. 完成预订	向客人致谢

二、一般散客电话预订的受理程序（见表4—5）

表4—5　　　　一般散客电话预订的受理程序

操作程序	操作标准
1. 接听电话	铃响3声以内接听
2. 问候客人	(1) 礼貌问候：您好 (2) 报部门：××酒店预订处
3. 了解客人预订要求	(1) 询问客人预订日期 (2) 查看计算机及客房预订控制板

续表

操作程序	操作标准
4. 了解客人情况	(1) 询问客人姓名,并复述确认 (2) 确认是否曾住过本店,并查询客史
5. 推销房间	(1) 介绍房间种类和房价,从高价房到低价房 (2) 询问客人单位名称 (3) 查询计算机,确认是否属于合同单位,以便确认优惠价
6. 询问客人付款方式	(1) 询问客人付款方式,并在预订单上注明 (2) 公司或旅行社承担费用者,要求客人在抵店前,电传书面信函,以作付款担保
7. 询问客人抵达情况	(1) 询问抵达航班(车、船)及时间 (2) 向客人说明:无明确抵达时间,酒店只能保留房间到入住当天18:00 (3) 如客人预订的抵达时间超过18:00,应向客人索要信用卡号码作担保预订
8. 询问客人特殊要求	询问客人特殊要求,详细记录并复述
9. 询问预订代理人情况	详细询问预订代理人姓名、单位和电话号码,并做好记录
10. 复述预订内容	(1) 抵店时间 (2) 房间种类和房价 (3) 客人姓名 (4) 特殊要求,付款方式 (5) 预订代理人情况
11. 完成预订	向客人致谢

三、重要客人(VIP客人)电话订房的受理程序(见表4—6)

表4—6 重要客人(VIP客人)电话订房的受理程序

操作程序	操作标准
1. VIP预订单的申请	(1) 接听电话后获知客人的身份,若符合VIP的接待条件,应及时通知预订部经理 (2) 经预订部经理同意后,填写VIP申请单(一式五份) (3) 确认客人是否曾经住过本店

续表

操作程序	操作标准
2. VIP 申请单的填写	(1) 填写客人姓名、职务、公司名称 (2) 抵店和离店日期、航班、房间类型及房价 (3) 了解客人特殊要求,并在申请单上详细注明
3. VIP 礼品的选择	(1) 在 VIP 单上,将已选择的礼品,标记"V"。礼品包括中国茶、花篮、白葡萄酒、红葡萄酒、水果盘等 (2) 附上总经理名片
4. 向客人致谢	感谢客人入住本酒店,并答应将会为其发确认函
5. VIP 申请的批准	(1) 预订部经理审批、签字 (2) 客房部总监审批、签字 (3) 送交总经理审批、签字

四、更改预订的受理程序(见表 4—7)

表 4—7　　　　　　更改预订的受理程序

操作程序	操作标准
1. 接收客人更改预订信息	(1) 询问要求更改预订客人的姓名 (2) 询问客人抵店日期和离店日期 (3) 询问客人需要更改的内容
2. 确认更改预订	(1) 在确认新的预订情况前,要先查询客房出租和预订情况 (2) 在有空房的情况下,方可为客人确认更改预订,并填写预订单 (3) 需要记录更改预定的代理人姓名及联系电话
3. 存档	(1) 将原始预订单找出 (2) 将更改的预订单放置在原预订单上订在一起 (3) 按照新预订单的抵店日期、客人姓名重新存档
4. 未确认预订的处理	(1) 如果客人更改的内容酒店无法满足,应及时向客人解释 (2) 告知客人预订暂放在候补名单上 (3) 如果酒店有空房时,及时与客人取得联系
5. 更改预订完成	(1) 感谢客人及时通知 (2) 客人的更改预订未得到确认时,应感谢客人的理解与支持

五、取消预订的受理程序（见表 4—8）

表 4—8　　　　　　取消预订的受理程序

操作程序	操作标准
1. 接到取消预订的信息	询问要求取消预订客人的姓名、抵店日期和离店日期
2. 确认取消预订	(1) 记录取消预订代理人的姓名及联系方式 (2) 提供取消预订号
3. 处理取消预订	(1) 感谢订房人将取消预订要求及时通知本店 (2) 询问客人是否要做下一阶段的预订 (3) 将预订取消信息输入计算机
4. 分析客人取消预订的原因	(1) 问清客人取消预订的原因 (2) 如果同一时期内取消预订较多，预定部要从价格、服务、竞争对手、政治等多方面因素进行综合分析 (3) 将分析结果上报部门经理，以便酒店管理者及时调整营销策略
5. 存档	(1) 查询原始预订单 (2) 将取消预订单放置原始预订单之上，订在一起 (3) 按照日期，将取消预订单放在档案夹最后一页

考 核 指 南

基础知识部分

考核内容

1. 预订处的业务范围有哪些？
2. 预订员的岗位职责和业务要求有哪些？
3. 预订的途径和种类有哪些？
4. 客房预订的程序分哪几个阶段？
5. 如何处理预订失约行为？
6. 什么是超额预订？

考核方式

笔试或口试。

服务技能部分

考核内容

1. 团队电话订房的受理。
2. 一般散客电话订房的受理。
3. 重要客人电话订房的受理。
4. 更改预订的受理。
5. 取消预订的受理。

考核方式

训练室现场模拟操作。

第五单元　前厅行李服务

模块一　基　础　知　识

一、行李处的业务范围

(1) 到机场、车站、码头接送客人。

(2) 店门迎送客人，协助保安人员维持大堂秩序。

(3) 客人行李的运送及保管工作。

(4) 陪送客人进房间，介绍客房设备、酒店服务项目、注意事项等。

(5) 其他委托代办服务及必要的电梯服务。

二、行李处的业务岗位

1. 行李处主管

(1) 主要职责

①监督和协调大厅服务处的日常工作，编制下属上班轮值表。

②负责制定行李接送、寄存管理规章及工作程序，确保行李安全，及时和准确地送到客人手中。

③协调与接待处及其他有关部门的关系，做好住店客人的应接工作。

④负责对下属的培训及评估工作。

(2) 业务要求

①熟悉有关酒店及酒店内部设施，掌握旅游接待知识。

②掌握行李交换及接送工作程序，了解贵重物品、易燃物品

的货运有关规定,懂得交通运输、保险等方面知识。

③熟悉行李赔款规定及外事纪律。

④能运用一门外语进行业务洽谈,熟悉行李标签符号。

⑤能熟练操作电梯、行李车,了解各种箱、包的性能。

2. 行李员

行李车如图5—1所示。

图5—1　行李车

(1) 主要职责

①掌握酒店客房状态、客人情况,以及客人可能提出的问题等方面的知识。

②保管行李,收送行李。

③向客人介绍房间设施。

④向客人推销酒店的服务项目。

⑤解答客人提出的问题,主动帮助客人解决困难。

⑥必要时,为住客发送报纸、信件,为贵宾操作电梯。

⑦完成上级交办的其他工作。

（2）业务要求

①掌握行李交换，接送的基本工作程序及操作规程。

②懂得接待服务的礼貌礼节，能进行简单的外语会话，熟悉酒店内部设施与服务项目。

③懂得行李车的使用和保养知识，熟悉各种箱、包及包装物的性能，懂得行李装载技巧；了解贵重物品、易燃物品的运送知识。

④熟悉行李赔款规定及有关货运规定，了解交通运输、保险等方面的基本常识。

3. 门厅应接员（门童）

门厅应接员（门童）如图5—2所示。

图5—2 门厅应接员（门童）

（1）主要职责

①了解情况：了解客人抵、离批次、时间、重要宾客姓名、

接待规格及特殊要求；了解当班期间宴会主办人、重要来宾及宴会地点和时间。

②互通信息：负责与总台、楼层台班、餐饮部沟通信息，共同做好服务工作；如有酒店领导出面迎送，事先向领导汇报迎送对象的情况。

③检查环境：负责检查门厅环境及室温。

④门厅交接：礼貌待客，热情服务，当客人到达时，为客人开车门，帮助客人卸下行李，为客人指出总台位置，召唤行李员并在等候行李员期间为客人看守行李。当客人离店时，帮助装行李，向客人挥手告别。

⑤安全保卫：负责注意门厅出入人员的动向，做好防暴、防盗工作。协助保安人员做好贵宾抵、离时的安全保卫工作。

⑥门前调度：确保酒店门前车道畅通，指挥正门前交通及车辆停放事宜。为客人召唤出租车，负责大门口附近车辆的清理工作。

(2) 业务要求

①掌握酒店服务基本常识，懂得接待工作礼节，熟悉当地机场、车站、码头客货运输情况。

②掌握门厅应接技能、技巧和礼貌用语，能熟练运用一门外语与客人进行应接会话，提供准确优质的迎送服务。

③了解酒店各项服务设施及安全保卫知识，了解酒店大型活动、宴会情况，能协助保安人员做好门厅安全保卫工作。

④了解市区情况，能答复客人有关市区及酒店情况的问询。

4. 机场代表

(1) 主要职责

①根据当天需要应接的客人名单，代表酒店到机场、车站、码头迎接贵宾及其他客人，并做好交通安排。

②与司机和行李员协调，处理好客人行李事宜。

③迎接贵宾时，事先与边检及海关取得联系并向酒店通报贵

宾到达信息。

④与各交通口岸做好联络工作。航班、车船时间表有任何变化或更换，要及时通知酒店有关人员。

⑤酒店客满时，设法帮助无法入住的客人解决住宿问题。

⑥事先了解客房销售情况，积极争取未订房客人入住本酒店。

（2）业务要求

①熟悉酒店迎接客人的礼节和程序，熟悉主要客源国风土人情，热情周到地接待客人。

②能用一门以上外语为客人服务，具有较强的口头表达能力。

③有较强的独立处理问题的能力。

④了解酒店及市区的情况，熟悉各交通口岸的情况，掌握在交通口岸核对客人到达时刻、班次的方法。

⑤掌握公关基本知识，能协调好与店外接送有关的各种关系。

三、其他委托代办服务与要求

1. 呼叫寻人服务

根据住客的要求，行李员可代替传呼员协助其在酒店规定的公共区域内呼叫寻人。呼叫时应注意自己的声音和步伐节奏，以免影响公共区域内的气氛。

2. 电梯服务

越来越多的酒店使用自动电梯，既方便客人又节省人力。但有些酒店为了显示出服务特色或为了对VIP客人显示礼遇的规格等，仍由礼宾部派电梯服务员专门为客人操纵电梯。此时，应特别注意礼貌礼节和服务特色。

3. 递送转交服务

其服务内容主要包括：客人的邮件、留言、报纸、客人物品、内部有关单据等的递送和转交。通常，行李员将客人留言条、普通信件从客房门缝底下塞入房间，将报纸装入袋内挂在门把上，尽量不打扰客人；递送客人的电报、电传、挂号信、包裹、汇款单和其他有关物品时，则一定要当面交给客人，并请客人在登记本上签收。注意：不得延误，不得拆阅客人的邮件或留言；工作完成后，应填写"行李员工作任务记录表"。

4. 替客人泊车服务

如有此项服务，当客人驾车来到酒店，泊车员将车辆钥匙寄存牌交给客人，并将客人的车辆开往停车场。车辆停妥后，将停车的车位、车号、经办人等内容填写在记录本上。当客人需要用车时，请其出示寄存牌核对无误后，泊车员去停车场将客人的汽车开到酒店大门口交给客人，并在记录本上注明具体时间。

5. 简单的店外修理服务

为方便住店客人，部分酒店为客人提供简单的店外修理服务。当客人的行李箱、旅行袋、照相机、眼镜、鞋等随身用品意外损坏后，可由行李员帮忙修理。对店内无法修理的物品需送店外修理时，应注意：

（1）弄清客人期望的修复要求、时间及费用。将物品包装好，及时送店外修理。

（2）在接受及交还修理物品时，需做好记录，并请客人签名。

（3）酒店一般只收取实际发生的维修费用及必要的交通费用。

四、行李部所需表格

1. 散客入住行李搬运记录（见表 5—1）

表 5—1　　　　散客入住行李搬运记录

日期：

序号	上楼时间	行李件数	行李员	预计离店时间	备注

2. 散客离店行李搬运记录（见表5—2）

表5—2　　　　　散客离店行李搬运记录

日期：

序号	离店时间	行李件数	行李员	车号	备注

3. 团队行李进出店登记单（见表5—3）

表5—3　　　　　团队行李进出店登记单

团体名称					人数	
抵达日期			离店日期			
进店	卸车行李员		酒店行李员		领队签字	
离店	装车行李员		酒店行李员		领队签字	
行李进店时间	车号		行李收取时间	行李出店时间	车号	
房号	行李箱		行李包		其他		备注
	入店	出店	入店	出店	入店	出店	
总计							

入店　　　　　　　　　出店　　　　　　　　　行李主管：＿＿＿＿＿＿
行李主管：＿＿＿＿＿　日期/时间：＿＿＿＿＿　日期/时间：＿＿＿＿＿

模块二 服务技能

一、店门前迎送服务(见表5—4)

表5—4　　　　　　店门前迎送服务

操作程序	操 作 标 准
1. 准备工作	(1) 了解当日将要抵店的重要客人和团队 (2) 了解酒店当日举行的大型活动
2. 迎接客人	(1) 将客人所乘车辆引领到适当的地方停车,以免门前交通堵塞 (2) 趋前开启车门,用手臂遮挡车门为客人护顶(见图5—3),并协助客人下车 (3) 面带微笑地使用恰当的敬语欢迎前来的每一位客人 (4) 协助行李员卸行李,注意检查有无遗漏物品
3. 送别客人	(1) 客人离店时的服务:为客人打开大门,问候并询问客人离店后所去地点,调度、召唤出租汽车,并注意看管客人的行李 (2) 协助行李员将客人行李放入车后行李箱内,为客人拉开车门、护顶,请客人上车,并祝客人旅途愉快 (3) 驱散可疑闲杂人员,维持酒店门前秩序

图5—3　为客人护顶

二、团队入店时的行李服务（见表 5—5）

表 5—5　　　　　团队入店时的行李服务

操作程序	操 作 标 准
1. 接收行李	(1) 当团队行李送到酒店时，由领班向团队行李员问清行李件数、团队人数，并请团队行李员在团队入店登记表上登记姓名和行李车牌号 (2) 由领班指派行李员卸下全部行李，并清点件数，检查行李有无破损。如遇损坏，要请团队行李员签字证实，并通知接待单位及领队 (3) 整齐摆放行李，全部行李系上有本酒店标志的行李牌，并用行李网罩好，以防止丢失，错拿
2. 分检行李	(1) 根据前台分配房间号码，分检行李，并将分好的房间号码清晰地写在行李牌上 (2) 与前台分房处联系，问明分配房间是否有变动，如有变动须及时更改 (3) 及时将已知房间号码的行李送至房间 (4) 如遇行李姓名卡丢失，行李应由领队帮助确认
3. 送行李到房间	(1) 将行李平稳放到行李车上，在推车入店时，注意不要损坏客人物品和酒店设施 (2) 在进入楼层后，应将行李放在门的左侧，轻轻敲门 3 下，并报出自己的身份和进房目的 (3) 客人开门后，主动向客人问好，固定房门，把行李送入房间内，待客人确认后方可离开。如果客人的行李件数出现差错，应婉转地让客人稍候并及时报告领班 (4) 对于破损和无人认领的行李，要与领队或接待单位及时取得联系，以便及时解决
4. 行李登记	(1) 送完行李后，应将送入每个房间的行李件数准确登记在团队入店登记单上。并核对送入房间的行李总数是否同刚入店时一致 (2) 按照团队入店的时间顺序将入店单存档

三、团队离店时的行李服务（见表 5—6）

表 5—6　　　　　团队离店时的行李服务

操作程序	操 作 标 准
1. 准备工作	(1) 仔细审阅前台送来的团队离店名单 (2) 提前 3 天将预离店团队的房间号、人数与电脑内存档案进行核实 (3) 与团队入店时填写的行李表核对，并重建新表 (4) 夜班领班将核实后的表格转交下一领班

续表

操作程序	操作标准
2. 收取行李	(1) 按照团队名称及房间号码到楼层收取行李 (2) 与客人确认行李件数。如客人不在房间，应检查行李牌号及姓名 (3) 如果客人不在房间，又未将行李放在房间外，则应及时报告领班解决 (4) 根据领班指定位置摆放行李并用行李罩将行李罩好，以免丢失
3. 核对行李件数	(1) 统计行李件数是否与登记件数吻合 (2) 由领班与陪同或领队一起确认行李件数。若无误，请其在团队离店单上签字 (3) 从前台得到该团队行李放行卡后，方可让该团队离开
4. 行李放行及资料存档	(1) 由领班问清团队行李员所取行李的团号和团名 (2) 待团队行李员确认行李件数后，请其在离店单上签上姓名及车牌号 (3) 领班把团队离店登记单存档

四、散客入店时的行李及带房服务（见表5—7）

表5—7　　　散客入店时的行李及带房服务

操作程序	操作标准
1. 门前迎接	(1) 行李员主动迎接抵达酒店的客人，为客人打开车门，礼貌地请客人下车，并致以亲切问候："您好，欢迎光临本酒店，很高兴为您服务" (2) 从车内取出客人的行李（如有贵重或易碎物品应妥善搬运或请客人自己拿取），请客人确认行李件数，以免遗漏 (3) 迅速引领客人走进店门，到前台办理入店登记
2. 引领客人到前台办理入店手续	行李员引领客人到前台，把行李放置在距前台4米以外的位置，系好本酒店行李牌，后背式站姿站在行李后方，等候客人办理入店手续
3. 引领客人去房间	(1) 客人办理完入店手续后，行李员从前台服务员手中接过客房钥匙，清晰地将房间号码登记在行李牌下 (2) 如果有几位客人同时入店，应在办理完手续后，请每位客人逐件确认行李，在行李牌上写清客人的房间号码，并礼貌地告诉客人在房间等候，然后迅速将行李送入房间

续表

操作程序	操作标准
3. 引领客人去房间	（3）引领客人到电梯厅，并在途中向客人介绍酒店设施和服务项目，让客人初步了解酒店，然后为客人叫电梯 （4）电梯叫到，请客人先进电梯间，然后将行李提进电梯间，放在不妨碍客人的地方，并为客人按下相应楼层指示键，继续向客人介绍酒店的有关情况，回答客人问询 （5）电梯到达目的地楼层后，请客人先走出电梯，行李员随后赶上，并走在客人侧前方引领客人去客房
4. 房间服务	（1）引领客人到达房间，把行李放在房门外左侧，简短地向客人介绍紧急出口及客人房间所在酒店的位置 （2）开门之前向客人介绍房门钥匙的使用方法 （3）为客人打开房门，介绍电源开关，并把钥匙插入开关内 （4）请客人首先进入房间，行李员进入后把行李放在行李架上，并帮助客人把脱下的外衣及需挂的物品挂入壁柜内，帮助客人拉开或拉闭窗帘 （5）向客人介绍如何使用电视和收看各频道节目，以及酒店内提供的节目 （6）向客人介绍电话的使用方法，店内各主要服务部门的电话号码，以及空调、床头灯开关等电器设备设施 （7）告知客人写字台上放有酒店介绍，让客人更多地了解酒店的服务信息 （8）向客人介绍小酒吧，并提醒客人注意放在小酒吧上的价目表 （9）向客人介绍卫生间内设施，提醒客人注意电源的使用 （10）向客人介绍店内的洗衣服务及电话号码 （11）介绍完毕，询问客人是否还有其他要求，最后祝愿客人居住愉快
5. 登记	（1）待送完客人后，回到行李台登记房号、行李件数、客人入店时间 （2）如遇早到而暂时无法进入房间的客人，应将行李放在行李台旁，代客人保管，并标明"入店"字样，待客人房间安排好后，再将行李送入房间 （3）如果客人没有进入房间，行李员直接将行李送入客房，必须注明"开门"

五、散客离店时的行李服务（见表 5—8）

表 5—8　　　　　散客离店时的行李服务

操作程序	操作标准
1. 接到客人离店通知，收取客人行李	当客人要离店，打电话要求为其提供行李服务时，行李员需问清客人房间号码、行李件数和收取行李的时间
2. 登记	行李员在散客离店登记单上填写客人的房间号码、时间、行李件数，并根据房间号码迅速到房间取客人的行李
3. 收取客人行李	（1）应在3分钟之内到达客人的房间，轻敲门3下并告知客人"行李服务" （2）待客人开门后，向客人问候："您好，我是行李员，为您提供行李服务"。和客人一起确认行李件数，并帮助客人检查是否有遗留物品。如发现遗留物品，应直接交还客人或交给行李部经理 （3）行李员把客人行李放置在行李台旁边，告知领班客人房间号码，站在一旁等候客人
4. 帮助客人离店	（1）确认客人已付清全部房费并办理完离店手续后，引导客人离店，帮助客人将行李放入车内 （2）为客人打开车门，护顶并请客人上车 （3）向客人礼貌告别："欢迎您下次光临，祝您旅途愉快，再见"

六、寄存行李和提取行李服务（见表 5—9）

表 5—9　　　　　寄存行李和提取行李服务

操作程序	操作标准
1. 填写行李寄存单	（1）礼貌地递给客人行李寄存单，并向客人介绍行李寄存单上需填写的项目，提醒客人本店对散客过期不取的行李为其保留的天数 （2）向客人询问所存行李件数及提取行李时间并亲自在行李寄存单的上联和下联为客人填写清楚 （3）请客人填写行李寄存单，须写清当天日期、客人姓名、房间号码 （4）行李员同时在单据上写清自己的姓名，将下联收据交给客人，并提醒客人凭此收据提取行李

续表

操作程序	操作标准
2. 保管客人所存的行李	(1) 将半天或一天的短期寄存的行李,存放在寄存间的外侧。将长期寄存的物品放在储存室的行李架上,如果一位客人有多件行李,应用绳子连在一起以免拿错 (2) 在行李寄存登记本上登记所存行李情况,标明存放的位置、件数、日期、颜色及存放人姓名和寄存牌编号,如有贵重易碎物品,应做明显标志 (3) 如发现客人逾期不取的行李,及时通知行李部经理
3. 为客人提取行李	(1) 礼貌地收回客人寄存行李单下联收据 (2) 礼貌地向客人询问行李的颜色、大小及存放时间,以便查找 (3) 根据收据上的编号,查看行李存放登记本,找到行李。如果查找有困难,可请客人帮助查找 (4) 把行李取出后,交给客人核实,确认后撕掉行李上的寄存牌和客人的寄存收据,划去行李存放登记本上的原始记录 (5) 帮助客人将行李搬运出店或送到房间 (6) 如遇客人遗失收据,应报告当班领班。检查客人身份,核实无误后,方可领取

考 核 指 南

基础知识部分

考核内容

1. 行李处的业务范围有哪些?
2. 行李员的岗位职责及业务要求有哪些?
3. 酒店内常见的委托代办服务有哪些?
4. 为客人提供简单的店外修理服务应注意哪些问题?

考核方式

笔试或口试。

服务技能部分

考核内容

1. 店门前迎送服务。
2. 团队入店时的行李服务。
3. 团队离店时的行李服务。
4. 散客入店时的行李及带房服务。
5. 散客离店时的行李服务。
6. 寄存行李和提取行李服务。

考核方式

训练室现场模拟操作。

第六单元　前厅接待服务

模块一　基 础 知 识

一、接待处的业务范围
（1）接待住店客人，办理住宿手续，负责分配房间。
（2）编制当天营业报表。
（3）编制次日退房名单和长期住客名单。
（4）核对空房、实房，掌握房态情况。

二、接待处的业务岗位
1. 接待处主管
（1）主要职责
①编制接待处上班轮值表，督导本处日常工作。
②批准有关房间及租金的更改。
③制订本部门培训计划，培训新员工。
④检查核对各有关记录。
⑤及时处理本处职工与客人之间的纠纷。
⑥与客房部以及平级的单位主管（如预订处、问询处、行李处等）搞好协调关系。
（2）业务要求
①熟悉客人入住、离店及前厅部的工作程序。
②掌握不同房租的定价结构，熟悉与委托接待单位签订的合同。
③熟悉酒店以及酒店所在地的情况，了解酒店房间的位置和

类型。

④能熟练地运用一门以上外语对客服务。

2. 接待员

接待员负责住店客人的接待工作,查验客人的付款和住宿证件。

(1) 主要职责

①礼貌待客,热情服务,使客人满意。

②负责办理住店登记手续,为客人分配房间。

③搞好与预订员和问询员的关系,做好与楼层服务台的联系工作。

④掌握房态和客房出租情况,制定客房出租表。

⑤掌握住店客人动态,做好客人住店期间的服务工作。

⑥搞好接待业务的换班联络工作。

(2) 业务要求

①掌握酒店客房的类型、位置和价格。

②熟知当天和本月已经销售的客房数目。

③外语流利,应变能力强,具有较高的销售艺术。

④准确填写住客登记表,正确查验客人的护照、签证及其他证件。

三、接待处的基本设备

(1) 计算机。

(2) 房间状态控制盘。

(3) 档案柜。

(4) 其他设备(如复印机、打时器等)。

四、开房的种类

(1) 预开房。指为有预订的客人提前准备好房间和登记卡。

(2) 无预定开房。指为无预订而直接来到酒店的客人开房。

(3) 自称有预定开房。为自称有预订,但酒店却无记录的客人开房。

(4) 转店开房。预订客人抵店时因客满无法在本店开房，而为其在其他酒店开房。

五、押金的收取方法

若客人以现金作押金，其计算方法为：

$$房费 \times 1.15(服务费) \times 1.5(餐饮费) \times 间晚$$

若客人以信用卡作为押金，接待员刷客人信用卡，先将信用卡的卡号输入计算机中，输出授权单，并与登记卡订在一起放入客人档案栏中。

六、接待业务所需表格

1. 表格

(1) 临时住宿登记表（见表6—1）

表6—1　　　　　　　临时住宿登记表　　　（请用正楷填写）

姓	名	性别
中文姓名	国籍	出生日期
证件种类	证件号码	签证种类
签证有效期	到店日期	离店日期
接待单位	房号	
职业及工作处所	停留事由　□服务　□观光　□其他	
永久住址		
离店时我的账目结算将由 □现金 □旅行支票 □信用卡 □旅行社凭单 □其他	房价 退房时间：12:00 宾客签字	
备注	前厅接待	前台收银

注意：酒店已在房间内设置保险箱。建议您将金钱、珠宝及其他贵重物品放在保险箱内。否则一旦丢失，酒店将对此不负任何责任。

(2) 延长住房单 (见表 6—2)

表 6—2　　　　　　　　延长住房单

宾客姓名：_____
房号：_____
到店日期：_____
原离店日期：_____
延长至：_____
客人签名：_____
备注：_____
前台接待：_____
前厅存档　　　　　　　　前台收银

(3) 换房单 (见表 6—3)

表 6—3　　　　　　　　换房单

房号		客人姓名	房价	
从	至		从	至
备注		客房部： 行李员：		
客人签名：		前台接待员：		

□前台存档　　□前台结账　　□客房部　　□洗衣房　　□送餐部

(4) 团队入住登记表 (见表 6—4)

表 6—4　　　　　　　　团队入住登记表

团队名称				国籍			电脑号		
预定号				客户名称					
陪同房号				领队房号					
房间类型	单间	双间	三人间	豪华间	套间	陪同床/间	合计		人数
用房数量									

续表

在店时间								
叫早时间								
早餐								
午餐								
晚餐								
结账方式								
备注								
接待员：		陪同：		联系电话：			日期：	

呈送：财务部、前厅部、销售部

（5）国内客人住宿登记表（见表6—5）

表6—5　　　　　国内客人住宿登记表

房号：　　　　房租：　　　　接待员：

姓名	性别	年龄	籍贯	工作单位	职业
户口地址				从何处来	
身份证或其他有效证件名称				证件号码	
抵店日期				离店日期	

续表

同宿人	姓名	性别	年龄	关系	备注

请注意: 1. 退房时间是中午 12:00 2. 贵重物品请存放在收款处的免费保险箱内，否则，遗失任何物品，酒店概不负责 3. 来访客人请在 23:00 前离开房间 4. 离店请交回钥匙 5. 房租不包括房间里的饮料费用	离店时我的账目结算将付: □现金 □旅行社凭证 □信用卡 客人签名:

(6) 团体人员住宿登记表（见表6—6）

表6—6　　　　　团体人员住宿登记表

团队名称：　　　日期：　年　月　日至　年　月　日

房号	姓名	性别	出生年月日	职业	国籍	护照号码
从何处来，到何处去						
留宿单位				接待单位		

　　另外，视酒店前厅部工作是否计算机化，可将其入住登记表细分为"未使用计算机的入住表"和"计算机化的住宿登记表"两类。无论何种设计，入住登记表中的项目满足两方面要求，即国家法律所规定的登记项目及酒店本身运行与管理所需的登记项

目，主要包括以下几个方面：

①房号。注明房号是为了便于查找、识别客人及建立客账。房号的填写应准确无误，这对酒店的日常安全、夜审等十分重要。

②房租。房租是建立客人账户、预测客房收入的重要依据。

③付款方式。注明付款方式，可使酒店决定客人在店的信用限额，同时有助于提高结账离店的效率。

④抵、离店日期、时间。正确掌握客人抵离店日期、时间，有助于结账及提供邮件查询服务；有助于客房预测及排房工作，尤其在旺季，取得客人亲笔填写的离店日期，可使酒店处于比较主动的地位；有助于客房部做好迎接与送别等接待服务工作。

⑤永久地址。掌握客人完整的地址，有利于客人离店后的账务处理以及遗留物品的处理；有助于向客人提供离店后的邮政服务及便于向客人邮寄促销印刷品；有助于客人投诉处理的跟踪服务等。

⑥账单编号。填写账单编号是为了能根据客人姓名顺序以便查找出账单的存根，有关账务等问题的处理。

⑦客人与接待员签名。客人签名是为了让客人对所列项目内容予以认可，提高其合法性，接待员签名有助于加强其工作的责任心，是酒店服务质量控制的措施之一。

⑧有关酒店责任的声明。酒店责任的声明一般包括结账离店时间、会客须知、查验证件要求、贵重物品寄存规定等，有助于明确责任、减少纠纷，改善酒店与客人的关系以及完善服务环节。

⑨其他。包括与酒店市场调研有密切关系的项目（如客人旅行目的、预订渠道、住店次数、所乘交通工具、下个目的地等）。

2. 房卡

此卡也称钥匙卡、欢迎卡或酒店护照。它起着证实住店客人身份的作用。房卡的设计形式、内容因酒店而异，但一般包括客人姓名、房号、房价、失效日期（离店日期）、抵店日期、客人签名、住客须知及接待员签名等项目。部分酒店设计此卡时，还刊有总经理欢迎词、酒店所提供的服务项目及服务设施，并附有酒店所在地著名景点的风光照与酒店所在地理位置及主要交通线路示意图，既方便客人，又促进销售。

3. 客房状况卡条

在未使用计算机的酒店前厅部，必须制作该卡条，并放入显示架相应房号内，用来显示客房的出租状况及住客的主要情况（如客人姓名、房号、抵店及离店日期等）。有些酒店为了醒目，用不同色彩的卡条代表不同类型的客人，以示区别。同时应再重制该卡条四联，将客人入住信息尽快传递给对客服务密切相关的总机组、问询组、大厅服务处和客房中心。

七、办理入住登记的目的与程序

入住登记是前厅部对客服务全过程中的一个关键阶段，其工作效果将直接影响前厅功能的发挥，同时，办理入住登记手续也是客人与酒店间建立正式的合法关系最基本的环节。

1. 办理入住登记手续的目的

(1) 遵守国家法律中有关入住管理的规定。

(2) 获得客人的个人资料。

(3) 满足客人对客房和房价的要求。

(4) 推销酒店服务设施，方便客人选择。

(5) 为客人入住后的各种表格及文件的形成提供可靠的依据。

2. 入住登记程序

入住登记程序由六个相互关联的步骤组成，如图6—1所示。

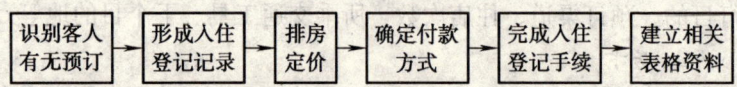

图6—1 入住登记程序

(1) 识别客人有无预订。抵店入住的客人可分成两大类：已办理预订手续的客人和未经预订而直接抵店的客人。这两类客人办理入住登记手续是有区别的。因此，接待员应首先识别前来入住的客人有无预订。具体做法为面带微笑，主动问候并询问有无预订。若知道客人姓名或职位等，应用姓名或职位等称呼客人，使其倍感亲切与尊重；若客人已订过房，则应迅速查找计算机或查阅计算机打印的"预期抵店一览表"，并复述其预订主要内容（如所预订房间种类等），经客人确认后，请客人填写登记表（递交登记表时，将表格字体正面朝向客人）；若客人持有预订凭证，接待员则应礼貌地请其出示预订凭证的正本，注意检查客人姓名、酒店名称、住宿天数、房间种类、用餐安排、抵离日期及预订凭证发放单位的印章等。接待员应向客人解释预订凭证所列内容，并解释客人的疑问。若客人已付定金，接待员应再次向客人确认已收到的金额数目。

若客人属未经预订而直接抵店，接待员应首先询问客人的住宿要求，同时查看当天客房的销售状况，以判断能否满足客人的要求。若能提供客房，则请其办理登记手续；若不能接受，则应设法为客人联系其他酒店，给客人以耐心细致的帮助，给客人留下深刻印象。

(2) 形成入住登记记录。在办理入住登记过程中，花费时间最多的步骤是让客人填写入住登记表，因此，接待员应在保证质量的前提下，千方百计地为客人减少办理入住登记手续的时间，提高效率。对于已办预订手续的散客，酒店在客人预订时已掌握了部分资料信息，因此，在客人实际抵店前，应将相关内容输入计算机内，自动打印出登记表，形成预先登记，并将预先登记表按客人姓名字母顺序，排列在专用的预先登记箱内。客人抵店时，即可根据其姓名迅速查找出该客人的预先登记表，请其签名，经核实有效证件后，入住登记的记录就形成了。对于预订的VIP客人、常客，因酒店掌握的信息较全面，故客人抵店前的准备工作可做得更充分、更到位。接待员可根据客人的预订单和客史档案的内容,提前准备好登记表、房卡、钥匙信封等。当客人抵店时,只需在总台核对有效证件、签名后即可入住客房。大部分酒店则让贵宾享受房内登记的特权。

对于团队或会议客人,可依据其具体接待要求(由酒店营销部发来的接待通知单)和排房名单提前安排好客房,并准备好钥匙、信封、登记表、房卡、酒店促销宣传册、用餐券等。提前交给陪同,以便让团队客人在抵店途中或抵达酒店后在指定区域内填写。若是大型团队会议,则由酒店专职的团队联络员或接待员事先在大厅某一区域安排好临时的桌椅,准备相关资料,并在这一区域竖立起醒目的团队或会议名称的示意牌,以便团队或会议客人抵达后在指定区域办理手续,避免大厅内出现拥挤阻塞的混乱现象。若酒店设有驻机场代表,会议客人抵达机场时,机场代表则应前往迎候,并与陪同及领队联系,将该团客人乘坐的车辆号码、离开机场的时间、行李件数及其他需引起关注或特殊关照的情况通知礼宾部或大堂副理,由大堂副理再通知团队协调员或总台接待员,以做好调整工作,提高接待效率。

对于未经预订而直接抵店的客人,因酒店无法进行抵店前的事先准备工作,故在客人填写登记表时,接待员应尽量提供帮助,尽可能缩短办理入住手续的时间。客人填完入住登记表,接待员应诚意感谢客人,并请其出示有效证件(如护照、身份证、居住证等),查验核对客人姓名、年龄、护照证件号码、护照种类及签证类型、有效期等相关内容,以确保准确和安全。

入住登记表一般一式三联,第一联作为备案,第二联交总台结账处,第三联作为客史档案储存。

(3)排房、定价。接待员应根据客人的住宿要求,着手排房、定价。越来越细化的客人住房需求,使酒店的客房功能趋向多样化,如相邻房、相连房、外景房等。同一类型的客房也因所处位置景观、房内主色调、装潢风格的不同而存在差异。接待员在排房时应予以考虑和选择。客房分配应讲究一定的顺序以及排房艺术。

①排房顺序：
　　a. 团体客人（团队或会议客人）。
　　b. VIP客人和常客。
　　c. 已付定金的预订客人。
　　d. 要求延期离店的客人。
　　e. 普通预订客人（有准确航班号或抵达时间）
　　f. 无预订的散客。

②排房方法：
　　以提高客人满意程度和酒店住房率为出发点，排房应注重下列技巧：尽量将团体客人（团队或会议客人）安排在同一楼层或相近的楼层，采取相对集中排房原则。一则便于同一团体客人间的联系和管理；二则团体离店后，空余的大量房间可安排下一个团体，便于管理，也有利于提高住房率。此外，由于怕受干扰，散客一般也不愿与团体客人住在一起。因此，应提前预留团体客人的房间。

　　a. 内外宾有着不同的语言和生活习惯，将内宾和外宾分别安排在不同的楼层。
　　b. 将残疾人、老年人和带小孩的客人尽量安排在离电梯较近的房间。
　　c. 对于常客和有特殊要求的客人应予以照顾，满足其要求。
　　d. 将敌对国家的客人尽量不要安排在同一楼层或相近的房间。
　　e. 应注意房间号码的忌讳。如西方客人忌"13"。一些地区的客人忌"14"等带有"4"（同"死"）的楼层或房号。鉴于上述忌讳，一些酒店的"13"层楼都未标出。而使用"12A""12B"层替代。客房确定后，接待员可在客房价格范围内，或依据酒店的信用政策条文定价。通常为尊重客人、促进销售，酒店往往制定出适应市场需求的灵活价格政策，但对于确认书中已确认的房价，不得随意更改。而在贵客、商务行政楼层客人、团体客人抵店前，所排客房均应实行双重检查，以确保接待高标准、高规格。

（4）确定付款方式。确定付款方式的目的是为了明确客人住店期间的信用限额，加快退房结账的速度。通过不同的付款方式所给予的信用限额是不同的。客人通常采用的付款方式有信用卡、现金及转账等。

对于采用信用卡结账的客人，接待员应首先辨明客人所持信用卡是否属中国银行规定的可在本店内使用的信用卡之列，然后检查信用卡的完好程度及有无破损，检查其有效期，随后使用信用卡压印机影印客人的信用卡签购单，并将其信用限额告诉客人，最后将信用卡签购单和账单一起交总台收银处签收。同时，也应注意信用卡公司对持卡者在酒店使用信用卡底额限制的规定。

对于使用现金结账的客人，接待员应根据酒店制定的预付款政策，来判断客人是否需要预先付款，然后，根据客人交付的预付款数额，来决定所给予的信用限额。

对于以转账方式结账的客人，则必须事先得到有关负责人的批准，在办理入住手续时，接待员应向客人清楚地说明属于转账款项具体范围。

（5）完成入住登记手续。排房、定价、确定付款方式后，接待员应请客人在准备好的房卡上签名，即可将客房钥匙交给客人。有些酒店还会向客人提供用餐券、免费饮料券、各种促销宣传品等，并询问客人喜欢阅读的报纸，以便准备。同时，酒店为客人事先保存的邮件、留言单等也应在此时交给客人，并提醒客人将贵重物品寄存在酒店免费提供的保管箱内。在客人离开总台时，接待员应安排行李员引领客人进房并主动与客人道别，然后将客人入住信息输入计算机并通知客房中心。有些酒店在客人进房7~10分钟时，再通过电话与客人联系，询问其对客房是否满意，并对其光临再次表示感谢。

（6）制作相关表格资料。入住登记程序最后阶段的工作，是建立相关表格资料，其做法如下：

使用打时机，在入住登记表的一端打上入住的具体时间（年、月、日、时、分）。

将入住信息输入计算机内，并将与结账相关的事项（如客人所享受的折扣率、信用卡号码、享受免费日期、付款方式等）详细内容输入计算机客账单内。

标注"预期到店一览表"中相关信息，以示客人已经入住。

若以手工操作为主的酒店，则应立即填写五联客房状况卡条，将客人入住信息传递给相关部门。

八、商务行政楼层接待程序

四星级以上的酒店大都设有"商务行政楼层"，通常隶属于前厅部。该楼层被誉为"店中之店"，单独设有总台、会客室、咖啡室、报刊资料室、客人休息室、商务中心等，为入住该楼层的客人提供从预订到抵店、入住、离店等全方位服务，集酒店的前厅登记、结账、餐饮、商务服务于一身，为商务客人提供更为温馨的环境和各种便利条件，以使其享受更加优质的针对性服务。

商务行政楼层接待服务程序如下：

1. 客人入住服务程序

（1）当客人在大堂副理陪同下走出电梯来到商务楼层总台后，行政楼层经理或主管微笑站立起来迎接客人，并自我介绍，请客人在接待台前坐下。

（2）将已准备好的登记表取出，请客人签名认可，注意检查客人护照、付款方式、离店日期与时间、机票确认等。

（3）将已准备好的欢迎信及烫金私人信封（印有客人姓名）

呈交给客人,并递送欢迎茶(要求整个过程不超过 5 分钟)。

(4) 主动介绍商务楼层设施与服务项目,包括早餐时间、下午茶时间、鸡尾酒时间、图书报刊赠阅、会议室租用服务、商务中心服务、免费熨衣服务、委托代办服务以及擦鞋服务等,以方便客人选择。

(5) 在客人左前方约 1 米处引领客人进房。

(6) 告诉客人如何使用钥匙卡,并连同欢迎卡交给客人,介绍房内设施,预祝客人居住愉快。

(7) 通知礼宾部行李员,要求在 10 分钟之内将行李送到客人房间。

(8) 在早餐、下午茶、鸡尾酒服务时间内,接待员应主动邀请新入住商务楼层的客人参加。

2. 欢迎茶服务程序

(1) 在客人登记入住时,商务楼层接待员将为客人提供欢迎茶。

(2) 事先准备茶壶、带碟垫的茶杯、1 盘干果或巧克力糖果饼干和两块热毛巾。

(3) 称呼客人姓名,并介绍自己。如"下午好,布朗先生,欢迎下榻……酒店商务楼层;我是……请用茶,希望您在这里住得愉快等"。

(4) 如客人是回头客,应欢迎客人再次光临。

3. 早餐服务程序

(1) 配合餐饮部专职人员在开餐前 10 分钟做好全部准备工作,包括将自助餐台摆好,食品从厨房运至餐厅,餐桌按标准摆放,更换报纸、杂志,调整好电视频道,在每张餐桌上放置接待员名片等。

(2) 根据计算机提供的住店客人名单确认用餐客人姓名。

(3) 称呼客人姓名并礼貌地招呼客人。

(4) 引领客人至餐桌前,并为客人拉座椅。

(5) 将口布打开递给客人。
(6) 礼貌地询问客人是用茶还是咖啡。
(7) 介绍其他特色食品,并请客人用餐。
(8) 用过的餐具应在客人用过后1分钟之内撤换。
(9) 自助餐台应始终保持整齐和吸引力。
(10) 礼貌地问清客人是准备在结账处结账,还是需要将账单送到房间。
(11) 客人用完餐离开时,应称呼客人姓名并祝愉快。
(12) 统计早餐用餐人数,做好收尾工作。
(13) 配合客房部服务员做好场地清理工作。

4. 鲜花、水果服务程序

(1) 依据确认的预计抵店客人名单准备好总经理欢迎卡、商务行政楼层欢迎卡。
(2) 将需要补充鲜花、水果的房间在住店客人名单上做标记。
(3) 将鲜花、水果、刀叉和餐巾备好并装上手推车。
(4) 将鲜花、水果、刀叉和餐巾送入客房,并按规定位置摆放。
(5) 补充鲜花、水果时,要将不新鲜的花和水果全部撤出,用过的刀叉全部更换。
(6) 做好记录,并根据次日预计抵店名单填写申请单,以备用。

5. 下午茶服务程序

16:00—17:00为客人提供免费下午茶服务。
(1) 提前10分钟,按要求准备好下午茶台,包括茶、饮料、小点心等。
(2) 微笑、主动招呼客人。
(3) 引台并为客人拉座椅,礼貌地询问其房号。
(4) 请客人随意用茶。

(5) 注意观察,当客人杯中的饮料还剩 1/3 时,应主动询问并及时倒满。

(6) 将用过的杯、盘及时撤走。

(7) 在 17:00 结束前 5 分钟应通知客人即将结束下午茶免费服务。

(8) 客人离开时应向其表示感谢,并与客人道别。

(9) 填写记录表。若客人消费超过了免费时间,费用记在客人账户上。

(10) 欢迎客人带朋友来参加。账单由客人签字后,记在客人账户上。

6. 鸡尾酒服务

18:30—19:30 为客人免费提供鸡尾酒服务。

(1) 提前 10 分钟,做好全部准备工作,桌上放服务人员名片。

(2) 微笑,礼貌地招呼客人。

(3) 引台,为客人拉座椅。

(4) 记清每台所点的酒水名称、数量。

(5) 19:30 提供最后一道免费酒水。

(6) 客人离开时应向其表示感谢并道别。

(7) 客人的朋友消费账单将记入客人账目。

(8) 填写记录表,下班前统计酒水,在盘点表上做记录,并根据标准库存填写申领单。

7. 退房结账程序

商务楼层的客人大多可享受到酒店为他们特别提供的快速结账离店服务,不仅可在商务楼层服务台办理手续,而且可在其房间内办理结账手续。

(1) 提前一天确认客人结账日期与时间。

(2) 询问客人有关结账事宜。如付款方式、行李数量、是否代订交通工具并及时检查酒水等。

(3) 将装有客人账单明细的信封交给客人。
(4) 通知行李员来取行李，代订出租车。
(5) 请客人在账单上签字，将第一联呈交给客人。
(6) 询问客人结账方式。如客人付外币现金，请客人到前厅外币兑换处办理；如需刷卡，则使用刷卡机。应注意是否超限额、印迹是否清晰，并请客人签字。其中一联呈交客人。
(7) 询问是否需做"返回预订"。
(8) 感谢客人入住并与客人道别。

九、总台接待中常见问题的处理

1. 换房

调换房间往往有两种可能：一种是住客主动提出，另一种是酒店的要求。住客可能因客房所处位置、价格、大小、类型、噪声、舒适程序以及所处楼层、朝向、人数变化、客房设施设备出现故障等原因而要求换房。酒店可能因客房的维修保养、住客延期离店，为团队会议客人集中排房等原因，向客人提出换房的要求。换房往往会给客人或酒店带来麻烦，故必须慎重处理。在搬运客人私人物品时，除非经客人授权，应坚持两人以上在场（如大堂副理等）。

换房的服务程序如下：
(1) 弄清（解释）换房的原因。
(2) 介绍准备调换的客房情况，并确定换房的具体时间。
(3) 填写"换房通知单"，送往相关部门，经签字以确认换房信息已经收到。
(4) 更改、修订其原有资料（如计算机中信息等）。
(5) 将换房信息记录在客史档案卡上。
(6) 若不能马上满足客人换房要求，则应向客人说明，请其谅解，并做好记录。一旦有空房，则按客人提出换房的先后顺序予以满足。
(7) 若属酒店过错（如超额预订、设施出现故障等），容易使客人产生抱怨情绪，因此，应向客人表示道歉，做好解释工作，求得客人的谅解与合作。必要时，可让客人入住规格较高的客房。

2. 离店日期变更

客人在住店过程中，因情况变化，可能会要求提前离店或推迟离店。

客人提前离店，则应通知客房预订处修改预订记录，并将此信息通知客房部，尽快清扫整理客房。客人推迟离店，要与客房预订处联系，检查能否满足其要求。若可以，接待员应开出"推迟离店通知单"，通知结账处、客房部等；若用房紧张，无法满足客人逾期离店要求，则应主动耐心向客人解释并设法为其联系其他住处，取得客人的谅解合作。同时，从管理的角度看，旺季时，前厅部应采取相应有效措施，尽早了解客人推迟离店信息，以争取主动，如在开房率高峰时期，提前一天让接待员用电话与计划离店的住客联系，确认具体的离店日期、时间。此时，应注意询问的方法："根据我们的记录，您计划明天离开（退房结账），对吗？"以获所需信息，尽早采取措施。

3. 客人不愿详实登记

有部分客人由于出于保密或为了显示自己特殊身份和地位，住店时不愿登记或登记时有些项目不愿填写。此时，接待员应妥善处理如下：

（1）耐心地向客人解释填写住宿登记表的必要性。

（2）若客人出于怕麻烦或填写有困难，则可代其填写，只要求客人签名确认即可。

（3）若客人出于某种顾虑，怕住店期间被打扰，则可以告诉客人，酒店的计算机电话系统有请勿打扰功能，并通知有关接待人员，保证客人不被打扰。

（4）若客人为了显示其身份地位，酒店也应努力改进服务，满足客人需求。比如充分利用已建立起的客史档案系统,提前为客人填妥登记表中有关内容,进行预先登记,客人抵店时,只需签名即可入住。对于常客、商务客人及 VIP 客人,可先请客人在大堂里休息,为其送上一杯茶（或咖啡）,然后前去为客人办理登记手续,甚至可让其在客房内办理手续,以显示对客人的重视和体贴。

4. 客人抵店入住时,发现房间已被占用

这一现象被称为"重房",是前厅部工作重大失误。此时,应立即向客人道歉,承认属于工作的疏忽。同时,安置客人到大堂或咖啡厅入座,为客人送上一杯茶,以消除烦恼,等候重新安排客房。等房间分好后,应由接待员或行李员亲自带客人进房。事后,应寻找发生问题的根源——房间状态显示系统出错,与客房部联系,共同采取措施加以纠正。

5. 客人离店时,带走客房内物品

有些客人或是为了留做纪念,或是想贪小便宜,常会随身带走浴巾、茶杯、电视机遥控器、书籍等客房用品,此时,接待员应巧妙地请客人提供线索帮助查找:"房间里的××东西不见了,麻烦您在房间找一找,是否忘记放在什么地方了,或是收拾行李太匆忙顺便夹在里面了。"以寻找台阶,给客人面子。若客人仍不承认,则应耐心解释:"这些物品是非纪念品,如果您实在喜欢,可帮您在客房部联系购买。"切忌草率要求客人打开箱子检查,以免使客人感到尴尬,下不了台,或伤了客人自尊心。千万不可与客人斗"气"争"理",只有保全客人的面子,问题才容易解决。

模块二 服务技能

一、团队客人入住手续的办理（见表6—7）

表6—7　　　　　团队客人入住手续的办理

操作程序	操作标准
1. 准备工作	（1）在团队到达前，预先备好团队的房间钥匙，并与有关部门联系确保房间为干净房 （2）按照团队要求提前分配房间，尽量安排在同一楼层 （3）分配房间后，打印分房单5份并分送：①客房部　②行李部　③团队领队　④团队联络员　⑤前台接待处团队存档
2. 接待团队入店	（1）接待人员与销售部团体联络员一同礼貌地把团队客人引领至团队入店登记处 （2）团队联络员向团长、团队客人介绍有关事宜，早、中、晚餐地点，酒店其他设施 （3）接待员与领队确认房间数、人数及叫早时间 （4）请团体联络员在团队明细单上签字、接待员也需签字 （5）协助领队发放钥匙，告诉客人电梯位置
3. 信息储存	（1）将准确的房号名单转交行李部，以便发送行李 （2）修整完毕所有更改事项后，将信息输入计算机

二、办理团队叫早服务（见表6—8）

表6—8　　　　　办理团队叫早服务

操作程序	操作标准
1. 确认叫早时间	（1）及时准确记录团队叫早通知 （2）前台接待处的中班人员需与转天离店各团队的团长联系，确认叫早时间
2. 安排叫早服务	（1）当接到叫早通知后，准确填写"确认叫早时间"表格，注明团队名称，领队或陪同的房间号码、叫早时间、离店时间、收取行李的时间等 （2）所有团队叫早时间经确认后，及时通知酒店总机，由总机将叫早时间输入计算机系统
3. 存档	将"确认叫早时间"表格存档，以便日后查询

三、有预订散客入住登记手续的办理（见表6—9）

表6—9　　　　有预订散客入住登记手续的办理

操作程序	操作标准
1. 接待有预定散客抵达酒店	（1）当客人抵达酒店时表示欢迎，问清并称呼姓名 （2）如果在忙碌，示意客人不会久等；如让客人等候多时，则向客人致歉 （3）确认客人有预订，查看是否有客人的留言及特殊要求
2. 为客人办理入住手续	（1）请客人填写入住登记卡，并问清付款方式，请客人签字 （2）核对一切有关证件，包括护照、身份证、签证的有效期、信用卡签字的真实性 （3）分配房间，确认房价和离店日期。填写房卡。按规定收取押金，并为客人开收据
3. 提供其他帮助	（1）通知行李员，引客入房 （2）告知电梯位置，祝愿客人居住愉快
4. 信息储存	（1）将所有信息输入计算机 （2）检查信息的正确性，并输入客人档案中 （3）将登记卡存放在客人入住档案栏中，以便查询

四、无预订散客入住登记手续的办理（见表6—10）

表6—10　　　　无预订散客入住登记手续的办理

操作程序	操作标准
1. 接受无预订客人入住要求	（1）确定客人无预订，根据酒店客房出租情况决定是否可接纳客人入住 （2）若可安排客人入住，则可以推销客人所需的房间，并检查客人是否可以享有特殊价或公司价 （3）在最短时间内为客人办理入住手续
2. 办理入住手续	（1）填写入住登记卡，确认离店日期和房间价格 （2）核对一切有关证件 （3）分配房间，确认付款方式，并按照酒店的规定收取押金填写房卡，制作钥匙
3. 提供其他帮助	（1）通知行李员，引客入房 （2）告知电梯位置，祝愿客人居住愉快
4. 信息储存	（1）立即将所有信息输入计算机系统，包括客人姓名、地址、付款方式、国籍、护照号码、离店日期等 （2）检查信息的正确性，并输入客人的档案中 （3）登记卡要存放至客人入住档案栏中，以便随时查询

五、长住客人接待程序和工作标准及要求（见表 6—11）

表 6—11　　长住客人接待程序和工作标准及要求

操作程序	操 作 标 准
1. 长住户的定义	长住客人均要与酒店签订合同，并且至少留住 1 个月
2. 长住户抵店时的接待	(1) 当长住客人抵店时，按照 VIP 客人接待程序和标准进行 (2) 总台接待员立刻将所有信息输入计算机，并在计算机中注明为长住户：一般长住房— LS；小包价长住房— LP（房费包早餐） (3) 为客人建立两份账单，1 份为房费单，另外 1 份为杂项账目单 (4) 信息确认无误后，为客人建立档案
3. 付账程序	(1) 长住户与酒店签有合同，且留住酒店时间至少为 1 个月，总台负责长住户的工作人员每月结算一次长住客人的账目，汇总所有餐厅及其他消费的账单同房费账单一起转交财务部 (2) 财务部检查无误后，发送至客人 1 张总账单，请其付清本月账目 (3) 客人检查账目准确无误后，携带所有账单到总台付账 (4) 总台将客人已付清的账单转交回财务部存档

注：LS，一般长住户的注明
　　LP，小包价长住户的注明

六、重要客人入住登记手续的办理（见表 6—12）

表 6—12　　重要客人入住登记手续的办理

操作程序	操 作 标 准
1. 接待 VIP 客人的准备工作	(1) 填写 VIP 申请单，上报总经理审批签字认可 (2) VIP 房的分配力求选择同类客房中方位、视野景观、环境和房间保养等方面处于最佳状态的客房 (3) VIP 客人到达酒店前，要将装有钥匙卡、钥匙和班车时刻表的欢迎信封及登记卡放至客务经理处 (4) 客务经理在客人到达前检查房间，确保房间状态正常，礼品发送准确无误

续表

操作程序	操作标准
2. 办理入店手续	(1) 准确掌握当天预抵 VIP 客人的姓名,并在客人抵达时直呼其名 (2) 及时通知客务经理,由客务经理亲自迎接 (3) 客务经理向客人介绍酒店设施,并亲自将客人送至房间
3. 信息储存	(1) 复核有关 VIP 客人资料的正确性,并准确输入计算机 (2) 在计算机中注明 VIP 客人,以提示其他部门或人员注意 (3) 为 VIP 客人建立档案,并注明身份,以便作为订房和日后查寻的参考资料

七、住店客人换房的办理(见表6—13)

表6—13　　　　　住店客人换房的办理

操作程序	操作标准
1. 接到客人换房要求	(1) 当接到客人换房的要求时,前台员工要问清原因,并致歉,要按照客人的要求马上为他们换新的房间 (2) 要保证完整地为客人办理换房手续,并及时将客人的新房号输入计算机中
2. 办理换房手续	(1) 换房后要填写换房本,并填写换房单 (2) 换房单要分发给各有关部门,并通知下述部门 ①客房部:要及时为客人更换客内使用的物品 ②行李部:及时为客人换取行李 ③洗衣房:正确掌握客人的新房号,以便及时将客人的洗衣送到新的房间内 ④客房酒吧办公室:通知客房酒吧人员检查房间的酒吧使用情况 (3) 前台接待人员需更换客人的档案栏(更改房间号码),将登记卡及有关文件放入新房间的档案中

八、客人延迟离店的办理(见表6—14)

表6—14　　　　　客人延迟离店的办理

操作程序	操作标准
1. 接受客人延迟离店的要求	(1) 准确了解客人延迟离店的时间 (2) 查对客人姓名及房号的准确性

续表

操作程序	操作标准
2. 向延迟离店客人解释酒店有关规定	(1) 首先要问清客人是否发生过其他消费,及时通知客房酒吧办公室查看客人的酒水使用情况 (2) 客人办理延迟离店手续时,向其耐心解释酒店关于延迟离店的规定,即:客人在中午 12:00 之后下午 18:00 之前离店,需多付半天房费,并加收服务费;客人在下午 18:00 之后离店,需多付 1 天房费,并加收服务费 (3) 若客人对上述规定产生异议,接待人员需耐心并有礼貌地向其解释,必要时及时通知当班管理员或客房经理协助解决
3. 把信息输入计算机系统	把客人延迟离店的有关信息输入计算机保存,以便提示各有关工作人员注意

考核指南

基础知识部分

考核内容

1. 接待处的业务范围有哪些?
2. 接待处的业务岗位有哪些?
3. 开房的种类有几种?
4. 现金押金的收取计算公式是什么?
5. 办理入住登记的目的是什么?
6. 排房的顺序是什么?
7. 排房有哪些技巧?
8. 商务行政楼层客人入住接待程序是什么?

考核方式

笔试或口试。

服务技能部分

考核内容

1. 团队入住手续的办理。
2. 办理团队叫早服务。
3. 有预订散客入住登记手续的办理。
4. 无预订散客入住登记手续的办理。
5. 长住客人接待程序和工作标准及要求。
6. 重要客人入住登记手续的办理。
7. 住店客人换房的办理。
8. 客人延迟离店的办理。

考核方式

训练室现场模拟操作。

第七单元　前厅问询服务

模块一　基础知识

一、问询处的业务范围
(1) 正确迅速地回答客人的咨询。
(2) 提供留言。
(3) 包裹寄存。
(4) 处理邮件。
(5) 收发保管客用钥匙。

二、问询处的业务岗位
1. 问询处主管
(1) 岗位职责
①掌握房间、客人情况及一切有关航空、旅游等信息。
②检查下属的仪表、行为举止及出勤情况。
③安排下属的班次、布置任务。
④指导、管理问询处的日常工作。
⑤制订本部门培训计划，培训问询处员工，提高服务质量。
⑥保证问询处的信息正确。
⑦与其他部门沟通、协调。
⑧做好交接工作和收尾工作。
⑨对下属进行绩效评估。
(2) 业务要求
①能流利地使用一门以上的外语与客人交流。
②熟知酒店有关情况及管理知识。

③掌握有关政治、地理、历史、经济、旅游的相关知识。
④具有一定的组织管理能力。

2. 问询员（见图7—1）

图7—1 问询员

(1) 岗位职责

①掌握情况：收集整理客人登记表，掌握当日住店客人名单，以备查用。

②提供信息：为客人提供店内外吃、住、行、游、购、娱等信息，礼貌待客，热情服务，尽量满足客人的合理要求。

③管理钥匙：做好客用房间钥匙的保管及收发工作，保护客人的安全。

④委托代办：为客人代购车、船、机票，代购代邮物品、信件，代客订餐，为客人提供方便。

⑤代办留言：客人外出时，负责来访客人留言的保存及转送。

⑥安排会晤：根据来访者提供的姓名、房号与住客联系，经住客允许，安排会面。

(2) 业务要求

①能流利地使用一门以上外语进行服务接待，回答问询。

②熟悉酒店服务设施及特色；掌握当地主要餐馆、康乐场所和购物中心的营业时间、交通情况、电话号码；掌握酒店附近银行、邮局、教堂、医院的情况；了解飞机航班、车次的抵、离时

间；懂得公共关系学的基础知识。

（3）熟悉酒店各项规章制度、涉外政策与法规、主要客源国历史、地理及风土人情，掌握酒店房价结构、房间种类及位置、住客情况与保密规定。

（4）懂得外事接待礼仪礼节，对客人提出的各种问题能给予圆满的回答和处理，具有较强的口头表达能力。

（5）熟悉当地各级政府机关、社会团体、外事机构的办公地点和电话号码。

3．送信员

（1）岗位职责

①上班前阅读备忘录。

②关注重要客人及长住客人，掌握客房状态。

③将物品、信件准确、及时送到客人房间。

④当班结束，做好与下一班的交接工作。

（2）业务要求

①熟练使用一门外语与客人交谈。

②熟知酒店客房状况、客人住店情况。

③熟知旅游信息，以便客人询问。

三、问询服务所需表格

1．访客留言单（见表7—1）

表7—1　　　　　　　　访客留言单

房号：＿＿＿＿＿＿＿＿
当您外出时：＿＿＿＿＿＿＿
电话：＿＿＿＿＿＿
☐有电话找您　　　☐将再来电话
☐请回电话
☐来访时您不在　　☐将再来看您
留言：＿＿＿＿＿＿＿＿＿＿＿＿＿＿＿＿＿＿＿＿＿＿＿
＿＿＿＿＿＿＿＿＿＿＿＿＿＿＿＿＿＿＿＿＿＿＿＿＿＿＿
＿＿＿＿＿＿＿＿＿＿＿＿＿＿＿＿＿＿＿＿＿＿＿＿＿＿＿

2. 住客留言单（见表7—2）

表7—2　　　　　　　　　住客留言单

日期_____至_____　　　　　房号_____
由_____
我将在_____　　□酒店内
　　　　　　　　在_____
　　　　　　　　□酒店外
　　　　　　　　在_____
　　　　　　　　电话_____

我将于……回店_____
留言_____
_____
_____

经手人_____　　客人签字_____

3. 留言单（见表7—3）

表7—3　　　　　　　　　　留言单

先生
太太_____　房号_____
小姐
您的（电传、电报、邮件）在问询处，请您在方便的时候与我们联系
经手人_____　日期_____　时间_____

4. 邮寄转寄单（见表7—4）

表7—4　　　　　　　　　邮寄转寄单

　　　　　　　　　　　　　　　　日期_____
姓名_____　　　　　房号_____
转寄地址：_____
_____截期_____
超过以上日期请送到_____
在中国办事处地址_____　电话号码_____
永久地址
注意：邮寄转寄服务仅在30天内有效

四、问询处所需设备物品

（1）问询架。

（2）计算机。

（3）传真机。

（4）复印机。

（5）知识手册。

（6）电话簿。

五、问询处的服务项目

前厅问询处的服务项目包括解答客人的各种询问、提供留言、处理邮件以及收发保管客用钥匙等。

1. 询问

（1）有关酒店内部情况的介绍。有关酒店内部的情况介绍通常涉及酒店各营业场所的服务信息，尤其是正在进行的营业推广促销活动的信息，如餐厅、酒吧所在位置、营业时间及促销内容，宴会、会议、展览会举办场所及服务时间，健身服务、洗衣服务、医疗服务、穿梭巴士服务等营业时间及收费标准等。上述信息内容，问询员均应熟知，以便给予客人准确、肯定的答复。千万不可做出模棱两可的回答，如"可能还在营业吧"等对于不能即刻解答的问题应通过请教他人或查阅资料给予客人答复。

（2）有关酒店外部情况的介绍。通常涉及酒店所在城市的旅游景点及其交通情况，酒店所在地主要娱乐场所、商业中心、政府机关部门、大专院校以及企业所处位置及市内交通情况、国际国内航班情况、本地各宗教场所的名称、地址及开放时间等。为了准确回答客人问询，问询员应做到热情、耐心、快速，有问必答，百问不厌。因此，问询员必须有较宽的知识面，外语流利，熟悉酒店所在城市风光、交通情况，懂得交际礼节及各国、各民族风土人情及风俗习惯，做个有心人。为防止语言不通而给客人带来不便，问询处可为客人准备一种向导卡（分别用英、日、中三种文字标明酒店名称、地址、电话号码及客人要去的地方），以方便客人。

（3）有关住客查询。有关住客查询是来访客人问询的主要内容之一，通常应在不触及客人隐私的范围内回答。问询员应首先从计算机中查看客人是否入住本店，然后确认其房号，接着向客房内打电话联系，将有人来访的信息告诉住客，经客人同意后才可将房号告诉来访者。如客人不在客房内，可视情况通过呼叫等方法在酒店公共区域帮助来访者寻找被访的客人。绝不能未经住客许可，便直接将来访者带入客房或直接将房号告诉来访者。酒店必须注意保护客人的隐私，确保住客不受无关人员或不愿接待的访客打扰。

为了做好问询服务，问询处应备有多种资料和工具书，以便问询员随时查用，如交通时刻表、价目表、世界地图、全国地图、本市地图、旅游景点宣传册、酒店宣传册、电话号码簿、邮资价目表、当地影院（剧场）的节目表、酒店当日促销活动安排表、当日报纸、酒店向导卡、查询资料架等。

越来越多的酒店正利用多媒体计算机向客人提供问询服务。客人可通过电视屏幕了解当天的各种新闻、体育赛事、股票行情、天气预报以及交通等信息。为了方便住店客人，增加酒店竞争优势，突出酒店产品差异，有些酒店让住客可在房间内的电视机屏幕上查到各种有用信息，如留言、预订机票、办理旅行委托、查阅银行服务范围、外汇牌价、购物指南、特色服务信息等，深受客人欢迎。

2. 留言

前厅问询处受理的留言有两类，即访客留言和住客留言。

（1）访客留言。访客留言是指来访客人对住店客人的留言。问询员在接受该留言时，应请访客填写一式三联的"访客留言单"，将被访者客房的留言灯打开，将填写好的访客留言单第一联放入钥匙邮件架内，第二联送电话总机组，第三联交信使或行李员送往客房（将留言单从房门底下塞入房间）。为此，客人可通过三种途径获知访客留言内容（取钥匙时得到留言单；进入客房时，发现留言单；看到房内留言灯亮着，通过询问可获悉留言内容）。当了解到客人已得到留言内容后，问询员或话务员应及时关闭留言灯。晚班问询员应检查钥匙邮件架，如发现孔内仍有留言单，则应立即检查该房号的留言灯是否已经关闭。如留言灯已关闭，则可将该架内的留言单作废；如留言灯仍未关闭，则应电话与客人联系，将访客留言内容通知客人；如客人不在酒店，则应继续开启留言灯或保留留言单，等候客人返回。

值得注意的是，留言具有一定的时效性，为确保留言单传递速度，有些酒店规定问询员要每隔一小时电话与客房联系通知客人，这样做的目的是让客人最迟也可在回酒店一小时之内得知留言内容，以确保万无一失。另外，为了对客人负责，若不能确认客人是否住在本店或虽然住在本店，但已经结账离店，则问询员不能接受对该客人的留言（除非客人事先有委托）。

（2）住客留言。住客留言是住店客人给来访客人的留言。客人离开客房或酒店时，希望给来访者（含电话来访者）留言，问询员应请客人填写"住客留言单"，一式两联，问询处与电话总机各保存一联。若客人来访，问询员或话务员可将留言内容转告来访者。由于住客留言单已注明了留言内容的有效时间，如果错过了有效时间，仍未接到留言者新的通知，可将留言单作废。此外，为了确保留言内容的准确性，尤其在受理电话留言时，应注意掌握留言要点，做好记录，并向对方复述一遍，以得到对方确认。

3. 邮件的处理

前厅问询处所提供的邮政服务包括两类：一类是分检和派送收进的邮包，另一类是代售邮票及为住客寄发邮件。由于问询处负责分发、保管所有的客房钥匙，所以，分检的邮件、信函可直接转交给客人，以提高此项服务的效率。在收进的邮件中，由于收件人不同，问询员应首先对此进行分类，将客人的邮件、信函留下，其余均派行李员发送给收件人或另作处理。在处理客人邮件、信函时，问询员必须耐心、认真，其服务程序是：

(1) 在收进的客人邮件、信函上打上时间，并按其性质分成普通类、挂号类和手送类。挂号类必须在专用的登记表上登记，如使用"住客邮件电报传真递送登记表"，内容包括日期、时间、房号、姓名、邮件种类、号码、收件人签名、收件时间、经办人等。

(2) 按邮件、信函上收件人姓名在问询架或计算机中查找其房号，然后将核实的房号注明在邮件或信函正面，并在总台钥匙格内留下留言单，同处理上述留言一样，根据客房钥匙有无决定是否需打开客房留言信号灯。

(3) 客人得到信息后前来取件，问询员应请其在相应的登记表中签字，同时，问询员也应在表上签名。

(4) 待客人取走邮件或信函后，问询员应立即撤掉原先放入钥匙格内的"留言单"，以免混淆，影响服务质量。

(5) 若在住客中找不到收件人，问询员须查阅当日抵店客人名单和未来几天的预订单或预订记录簿，查看客人是否即将抵店。如果是，则在该邮件、信函正面注明客人抵店日期，然后妥善存放在专用的信箱内，待客人入住时转交客人。

(6) 若仍查找不到收件人，问询员应核对"离店客人名单"和"邮件转寄单"，如果确认客人已离店，则应按照客史档案卡上资料信息或转寄要求将邮件、信函转发给客人。

(7) 若再查找不到收件人，问询员应按收件人姓名字母顺序排列存放在信箱内。此后两星期内，每天每班指定一名问询员在当日住客名单及预订抵店客人名单中继续查找，直至找到为止。若两周内仍查找不到，则将该邮件、信函退邮局处理。

(8) 对于挂号、快递、电报类等，问询员应尽快转交客人。对收件人除按上面程序仔细查找外，若找不到收件人，不宜在酒店保存过久，可考虑在四五天后退回原发出单位。

(9) 对于错投类邮件、信函，问询员应把邮件贴好退批条，说明原因，集中由邮递员取走。若属挂号或快递类错投，应尽量在接收时确认该邮件收件人是非住客的而拒收。若当时不能做出决定，则应向邮递员声明，暂时代收，并请其在投递记录栏内注明，然后按上述规定程序处理。

(10) 对于"死信"的处理，问询员应退回邮局处理或按规定由相关人员用碎纸机销毁，任何人不得私拆"死信"。

(11) 对于手送类邮件的处理，问询员应首先在专门的登记本上做记录，内容包括递信人姓名、地址、送来何物及收件人房号、姓名等，并在客人来取时请其签字。问询员原则上不应转交极其贵重的物品或现金，此类物品最好由送物者本人亲自转交当事人。

总台一般不接受挂号信和包裹的寄发，若问询员在接收到客人送来准备发出的信函时，应按有关规定办理。

4. 传统客用钥匙的管理

在使用传统客房钥匙的酒店，住客的客房钥匙统一归前厅部问询处发放和管理。提供此项服务，不但安全性高，而且便于总台掌握住客的进出情况，及时传递转发邮件、信函和留言等，同时也有利于总台的客房销售。其服务程序为：

(1) 住客凭有效房卡取客房钥匙。房卡中的姓名、房号及有效日期必须与钥匙、邮件架中卡条的姓名、房号及离店日期相一致，方可发放钥匙。

(2) 对于 VIP 客人、常客、长住客，可直接将钥匙交给他们，但必须准确无误。

(3) 若两位客人同住一间客房，也应只发给一把钥匙，特殊情况，另做处理。

(4) 若客人未随身携带房卡，问询员应问清该客人的姓名，然后请客人稍候，迅速通过钥匙孔内的卡条或计算机核对，确认无误后将钥匙交给客人。

(5) 若客人出示的房卡与钥匙格内卡条不符，应核实纠正；若属无效房卡，应立即报告主管做处理。

(6) 已遗失房卡的住客，必须核实确认，方可补办房卡，并上报做记录,方可发出钥匙。

（7）若住客指定人员进房取物,必须有书面凭据,填写客房钥匙准用单,并报大堂副理、总台主管,同保安部人员一起进房取物。

（8）若住客离店,问询员应提醒客人归还钥匙。团队客房钥匙则由总台负责收回,必要时,可请陪同或领队协助。

（9）对于客人存放、归还的钥匙,必须迅速放回该钥匙格内,不得置于总台台面上或久放在钥匙箱内。

（10）若离店客人带走钥匙,应查明原因,及时联系,并尽量找回。对于确属遗失钥匙的,问询员应立即通知接待处在客房状况显示架及钥匙、邮件架相应位置上注明"No Key"标记。

同时,通知保安部、工程部,视具体情况将该客房门锁芯调换或安装新锁等,并请客人付一定的赔偿金。

（11）总台应定期在保安部、工程部的监督协助下,统计丢失及损坏的客房钥匙总量,并将客房门锁进行一次相互间的大调换,以确保安全。

（12）对于客房备用钥匙的管理,应将其存放在备用钥匙箱（柜）内,并指定专人负责。备用钥匙的数量一般以三套为宜。而钥匙牌的大小、形状、重量、质地、饰物材料的选择,应考虑到钥匙牌的美观、成本、耐用度、便于携带及保存等因素。

5. 新型钥匙的管理

随着科学技术的发展,传统钥匙已逐渐被各种新型钥匙所取代。酒店为更好地保证住客的人身和财产安全,并让其更方便地进出客房,已大多选择使用代表先进科学潮流的新型钥匙系统。

（1）新型客房钥匙系统的类型

①磁卡锁和IC卡锁。

②电子密码锁。

③感应门锁。

（2）磁卡锁和IC卡锁系统的构成

①服务台计算机。其内装有门锁管理软件系统,它是整个钥

匙系统的核心控制部分。前厅接待员可通过管理软件控制发卡操作，并可对整个酒店钥匙系统进行管理。

②发卡器。发卡器通过串行通信接口与服务台计算机相连接，在服务台计算机的控制下，将卡片刷过发卡器的卡槽，写入或读出卡中信息，即可发挥发卡及查询的功能。

③多功能控制器。该控制器的功能主要有两个：一是与门锁通信，读取开门记录与其他信息，校对锁内的时钟，作为电子钥匙开门；二是与服务台计算机通信，将开门记录及其他信息传递给数据库。

④电子门锁。该锁具有机械门锁的所有功能，能够识别智能卡和磁卡的合法性。

(3) 磁卡和IC卡钥匙的制作与使用注意事项

①专供客人使用的钥匙应在客人入住时才制作，每位磁卡钥匙制作的接待员或收银员有独立的密码进入制作系统。

②钥匙的制作者与密码应由高层管理人员专人负责管理与控制，随时查对钥匙制作的情况。

③使用磁卡或IC卡开启房门时，应按卡片箭头方向轻轻插入门锁的插口内，插到底后平稳拔出。卡片拔出后，指示灯亮绿灯；约10秒后，用手下压门把手即可开门入房；若超过10秒，未能开启房门，门锁又会自动锁上，指示灯亮红灯；除非接触不良，则应重新设新卡使用。

④客人卡在登记的时间内可开启相应的客房，如住客将卡丢失或提前离店，接待员应用新的客人卡或终止卡把门打开，原客人卡立即失效。

⑤客人结账时，将磁卡或IC卡钥匙交前厅收银员，收银员应及时交接待员。接待员在交接班时，应同时清点未制作过的磁卡数量。有些酒店，客人也可随意带走钥匙卡。

⑥当计算机或发卡器出现故障时，可使用备用钥匙。通常，备用钥匙一般配三套以上，由前厅部经理或其他指定的专人负责

使用、保存。

6. 贵重物品保管

酒店不仅应为住客提供舒适的客房、美味的菜肴、热情礼貌的优质服务，而且还应对住客的财产安全负责。为此，酒店应为住客设置寄存保管贵重物品的场所和设施。酒店一般为客人提供客用安全保险箱，供客人免费寄存贵重物品。该设备是由一组小保险箱或保险盒组成，其数量通常按酒店客房数的 15%～20% 来配备。如酒店的常住客和商务散客较多，则可适当增加保险箱数量。有些酒店则在客房内配有小型自动保险箱，供住客存放贵重物品。

通常客用安全保险箱放置在总台收银处后侧或旁边一间僻静的房间，由总台人员负责保管工作。保险箱的每个箱子都备有两把钥匙，一把为总钥匙，可开启所有保险箱上的一个锁，由收银员负责保管。另一把为分钥匙，由客人亲自保管，只有这两把钥匙同时开启，才能打开和锁上保险箱。

（1）贵重物品保管程序

①弄清客人寄存的要求。

②填写"贵重物品寄存单"（见表 7—5），并向客人介绍其注意事项。

表 7—5　　　　**贵重物品寄存单（正背两面）**
（正面）

07:30—23:00			箱号	
房号	姓名	签名式样		
			日期	
			签名	
签名		日期	签名	日期
请阅读背面说明				

（背面）

1. 如遗失此钥匙，必须更换新锁，您须照价赔偿
2. 如您退房离店时未能将此钥匙交回总台收款处，本店有权自行开启并移出保存物品，不负任何责任
3. 我认可已取走所有存放物品，以后与酒店无关

住客签名＿＿＿＿＿＿＿

房号＿＿＿＿＿＿＿　日期＿＿＿＿＿＿＿

③根据客人的需求选择相应规格的保险箱，并将箱号记录在寄存单箱号栏内。

④使用总钥匙与分钥匙同时打开保险箱门，取出存放盒，打开盒盖，由客人亲自将所寄存的物品存入盒内，盖上盒盖。

⑤将存放盒、寄存单第一联放入保险箱，锁上箱门，并轻轻拉放，确认是否已锁好。取下钥匙，经客人认可，将该箱分钥匙和寄存单第二联呈交客人。总钥匙则留在总台收银处保管。

⑥告知客人，启用时需出示该箱分钥匙和寄存单，并请客人妥善保管。

⑦填写客用安全保险箱使用登记簿，以备查。

⑧注意每开启一次，应请客人在寄存单相关栏内签名认可。

⑨客人退箱时，总台人员应收回该箱分钥匙和寄存单，并请客人在终止栏内注明终止日期、姓名，以免出现麻烦。

⑩在客用安全保险箱使用登记簿上，做终止记录（如日期、时间、经办人等）。

（2）保险箱钥匙遗失的处理。若客人遗失了保险箱分钥匙，酒店一般都有明文规定要求客人做出经济赔偿，如在寄存单正面上标出或在寄存处的墙上用布告出示有关赔偿规定，以减少处理过程中有可能出现的麻烦。

若客人将保险箱钥匙遗失，又要取所存物品时，必须征得客

人赔偿的同意后，在客人、当班收银员及酒店保安人员在场情况下，由酒店工程部有关人员将该保险箱的锁钻开，并做好记录，以备核查。

(3) 客人贵重物品丢失的处理。客人贵重物品的保管是一项极具严肃性的工作，需要总台人员有极强的责任心，在提供此项服务时，必须注意下列事项：

①定期检查每个保险箱是否处于良好的工作状态。
②坚持请客人亲自前来存取，不可委托他人代办。
③必须认真、严格、准确核对客人的签名。
④不得检查或好奇地欣赏客人存入或取出的物品。
⑤当班人员要安全地保管好总钥匙，并做好交接记录。
⑥客人退箱后的记录卡必须按规定安全地存放一定时间（至少半年），以备查。

尽管如此，酒店也不能确保客人的贵重物品万无一失。一旦发生贵重物品失窃事件，酒店应按照国际酒店协会于1981年11月2日在尼泊尔的加德满都通过的《国际酒店法》的有关规定："如果客人及时得到报告，酒店对贵重物品的赔偿应有合理的限度。"这就说明，一方面，酒店对客人的贵重物品在一定条件下负有赔偿责任，另一方面，这种赔偿"应有合理的限度"。因此，酒店可规定对客人贵重物品的最高赔偿限额，并将这一限额告知客人（如在贵重物品保管单说明事项中），这样做双方都可理解和接受，以免出现不必要的纠纷。

模块二　服务技能

一、咨询服务（见表7—6）

表7—6　　　　　　　咨询服务

操作程序	操作标准
1. 查询各种现有的知识手册	了解问询处所有的知识手册，掌握查询方法 问询处现有的知识手册包括： （1）店内知识手册 ①酒店简介 ②各营业场所时间表 ③各部门电话表 ④机场及市内班车时刻表 ⑤酒店指南 ⑥各餐厅菜单 （2）店外知识手册 ①当地指南 ②中国指南 ③中国航空旅游指南 ④全国铁路旅客列车时刻表 ⑤当地旅游图集 ⑥中国电话手册及商务指南 ⑦地区电话手册 ⑧国际国内长途电话价目表
2. 搜集新知识	（1）随时搜集客人感兴趣的及经常询问的知识、电话号码，列入问询处知识手册 （2）随时更新旧电话号码

注：1. 问询处除提供日常问询服务外，还提供替住店客人邮寄明信片、信件、收取信件后查询并送至住店客人房间的服务。

2. 免费为住店客人提供少量的信封、明信片、纸袋、中文服务卡片、信纸、地图、旅游杂志等。

二、为客人留言（见表7—7）

表7—7　　　　　　　　　为客人留言

操作程序	操作标准
1. 在电脑中查寻客人信息	（1）当接到要求留言的电话后，迅速在电脑中查寻客人的姓名、房号是否与要求留言者所提供的相符合 （2）核对客人是已经入店还是预抵但尚未登记入店，除非客人已结账离店，否则均应提供留言服务
2. 简要记录留言内容	（1）在便笺上记录留言方姓名、电话号码，是从何处打来的电话 （2）记录留言内容
3. 重复留言内容	将对方姓名、住店客人姓名、电话号码及留言内容重复一遍以获确认
4. 将留言输入计算机或工整地抄写在手工留言纸上	（1）将留言内容输入计算机，然后将留言在打印机中打印出来 （2）将计算机留言纸的上联插入钥匙盒中，以便客人来前台领取钥匙时可及时看到留言；下联在留言登记本中登记，由送信员在30分钟之内送往客人房间 （3）若留言为复杂的中文留言，或遇到计算机出故障时，应采用手工留言纸。将留言内容逐项填写在手工留言纸上，一式三联 （4）将白色联放入留言袋内，由送信员30分钟内送往客人房间，粉色联放在钥匙盒里，蓝色联由问询处保留存档
5. 亮留言灯	通过电话系统打开客人房间内电话上的留言灯，以便通知客人来查询留言
6. 登记留言	将客人的房间号码、目前时间、客人姓名在留言登记本上记录后，由送信员签字取走，送往客人房间
7. 取消留言	（1）当客人收到留言后应将计算机中的留言取消 （2）灭留言灯，从钥匙盒中取出留言粉色附联销毁

注：1. 夜班核查留言：夜班问询员每天00:00从计算机中打出当天留言记录表，取消当天在计算机中的留言，将钥匙盒中的留言附联取出销毁。

2. 有关预抵客人的留言：计算机留言方法和住店客人留言一致，只是留言储存在计算机中，等客人入店登记后由打印机自动打出。手工留言，存放在问询处档案中，每天查询，在客人到店的当日将其取出，与客人住店登记卡放在一起，以便客人入住登记时及时收到留言。

3. 对已结账离店的客人和其他非住店客人，一般不做留言，除非客人有特殊要求。

三、包裹寄存（见表7—8）

表7—8　　　　　　　　包裹寄存

操作程序	操 作 标 准
1. 收取包裹	（1）查看客人寄存物品、贵重物品包括机票、相机等。对易燃易爆等危险品拒收 （2）问清接包裹人的姓名，何时来取 （3）注明收取的时间
2. 登记	（1）在包裹寄存登记本上编号（逐项填齐） （2）日期、时间、寄存人、收取人、存放地点、物品名称、接收包裹服务员的签字
3. 存入	将包裹存放在包裹后柜中
4. 客人接收包裹	（1）询问客人取何种物品 （2）在包裹登记本中查找客人所取物品 （3）核查客人身份、证件等。若相符，则将物品交给客人，并让客人在登记本上签字，表示已收取
5. 取消登记录	当客人将寄存物品取走时，应将登记本上的项目逐一取消，表示寄存已完成

注：1. 收到预抵客人的信件、包裹、邮件等，方法同上。

2. 客人暂存物品，如烟、酒、小包裹等，可不在包裹本中登记，但要编号，存放在柜台中较明显但不碍事的地方，等客人自取，但不能过夜。如客人未来领取，应让送信员将物品登记后送入客人房间。

3. 当存放时间较长或不能确定客人何时才能收到的情况下，不留食品或容易变质的物品。

4. 每班结束后，问询员要认真交接寄存物品并在登记本上签字，并核查该物品是否完好。

5. 若客人坚持要存贵重物品，应让客人将物品放在客务经理处。

四、预抵客人信件及传真的处理（见表7—9）

表7—9　　　　　预抵客人信件及传真的处理

操作程序	操 作 标 准
1. 接收	（1）接到预抵客人的信件、传真后，在计算机中查询是否确有其预订。若有，在物件上注明客人抵达日期，以便进一步核查 （2）将其存入每天检查信件的存档柜中 （3）若接到已离店、取消预订或不明原因未到客人的信件及传真，核查计算机后，存入存档柜中

续表

操作程序	操作标准
2. 每日复查	(1) 每天早班 07:00，小夜班下午 05:00，当班工作人员把查信柜中的每一封信及传真与计算机核对并在其背面签字记录 (2) 经核实后，若有已进店客人的信件等物，马上将信件等由送信员送往客人房间。若是当天预抵的客人，则将信件等与客人的登记卡放在一起，以便客人来店登记时及时收到 (3) 小夜班的工作人员在复查中会发现第二天预抵客人的信件及传真，将其挑出，下班时与接待处人员交接，交给接待处的工作人员，并把它与客人第二天的入店登记卡放在一起
3. 清理存档	(1) 每隔 10 天，将存档柜中的信件、传真重新核查一遍，把 10 天前已离店或预抵未到、预订取消的客人的传真登记注销，存入后柜 (2) 存入后柜中的信件、传真只保留一个月 (3) 每月 1 日，将两个月以前的传真注销，信件退回邮局

考 核 指 南

基础知识部分

考核内容

1. 问询处的业务范围有哪些？
2. 问询处的业务岗位有哪些？
3. 问询处的服务项目有哪些？

考核方式

笔试或口试。

服务技能部分

考核内容

1. 咨询服务的办理。

2. 留言服务的办理。

3. 预抵客人信件及传真的处理。

4. 包裹的寄存。

考核方式

训练室现场模拟操作。

第八单元 前厅结账服务

模块一 基础知识

一、前厅收银处的业务范围
(1) 开立住客账户。
(2) 负责业务分析并累计客账。
(3) 办理客人的商店结账手续。
(4) 处理住客信贷和夜间审计。
(5) 提供外币兑换服务业务。
(6) 管理客用保险柜。

二、前厅收银处的业务岗位
1. 外币兑换员
(1) 主要职责
①准确掌握外汇牌价。
②掌握当时住店客人的国籍、流向，为兑换外币做好准备。
③依照外汇兑换程序，负责外汇及旅行支票兑换工作。
④负责结算、登记当天兑换的各种外汇，并送交财务部有关人员。
⑤核对库存，并填写库存现金结存表。
(2) 业务要求
①熟练识别各种外汇、旅行支票及信用卡，并能鉴别真伪。
②熟练使用计算机，准确填写单据，字迹清楚。
2. 收银员

（1）主要职责

①建立住客账户并负责入客账和为客人结账。

②保证客人结账准确无误，收取以现金、转账支票及信用卡等支付方式支付的住宿、餐饮、洗衣等费用，汇总后送交财务部入账。

③核实账单及信用卡，负责结转团体或公司单位客人账单。

④负责开具客人离店通知单。

⑤负责与总台核对房态。

⑥负责客人贵重物品的寄存与保管。

（2）业务要求

①掌握收银机和计算机的操作方法，迅速准确地进行客账结算。

②掌握酒店内各类房费、餐费和洗涤费等费用标准及折扣。

③具有识别各种外币、旅行支票及信用卡真伪的能力。

三、前厅收银的形式

（1）一次性结账的形式

这种收银形式是在客人进店办理住宿手续时发给一张特别记账卡，又称酒店信用卡，作为记账凭证。客人在酒店消费时，凭特别记账卡签单，便可不交现金，待离店时，再统一结账付款，有的甚至是客人离店后再收账。服务员只要在收款机上打出账卡或记下账单，由客人签字，然后通过计算机或将账卡和账单及时送到前台收银处，即可根据客人的账号、姓名、房号等及时准确地结账。这种收银形式一般适合于采用计算机系统管理的酒店。其优点是便利客人，体现了"宾客至上，服务第一"的宗旨，缺点是要冒极少数存心赖账的住客"走单"，即住客未结账付款而偷偷离店的风险，以及造成资金周转可能出现困难的风险。

（2）零星收款形式

这种收款方式是在客人进店办理住宿手续时，立下户头。收银员只记房租，每天累计一次，或者客人先付1~3天房租，以后采用累计的方式。客人在各个餐厅或店内其他地方消费，采用零星收款办法，即客人交现款。这种方式目前为我国大多数酒店所采用。上述两种形式不论采用哪一种，都要求收银员层层把关，一环扣一环，以便保证营业收入不出差错。

四、总台账务处理

总台账务处理是总台收银处的一项日常业务工作。为避免出现工作差错，避免发生逃账、漏账情况，总台收银处的账务处理必须有一套完善的制度，并依靠各业务部门的配合和财务部的审核监督。总台账务处理的方法和要求是：

(1) 账户清楚。前厅接待处给每位登记入住的客人设立一个账户（见表8—1），供收银处登录该客人在住店期间的房租及其他各项花费（已用现金结算的费用除外）。它既是客人离店时结算的依据，又是编制各类营业报表的数据来源之一。通常酒店为散客立个人账户，团体客人立团体账户。若团体客人中有不愿受综合服务费标准的限度而有其他消费时，则应另立个人账户。户头应清楚、准确，特别注意姓名、房号必须与住宿登记表内容一致。账户应分类归档，取用方便。

表8—1　　　　　　　客人分户账单

房号		姓名				备注		地址： 电话： 电传： 传真：
房租		抵店日期		离店日期				
日期	借方							
	房租	服务费	餐饮	洗衣	电话	电传传真	汽车	其他	小计	贷方	余额
住客签名			地址			钥匙请交服务台		最终余额
付款单位								

（2）转账迅速。由于客人在酒店逗留期较短，发生的费用项目多，又可能随时离店，故要求转账迅速。业务部门必须按规定时间将客人签字认可后的账单送到总台收银处，以防跑账、漏账情况发生。

若用计算机收银系统，客人在店内任何消费，只要收银员将账单转入收银机，计算机即可同时记下客人当时的转账款项，极大地提高了工作效率。

（3）记账准确。为客人建立账户后，即开始记录客人住店期间的一切费用。客人的房租采取按日累计的方法每天结算一次。客人离店加上当日应付房租，即为客人应付的全部房租。其他各项费用，如餐饮、洗衣、长途电话、传真、美容美发、书报等项目，除客人愿在消费时以现金结算外，均可由客人签字后由各有关部门将其转入前厅收银处，记入客人的账户。因此，要求记账准确，客人姓名、房号、费用项目和金额、消费时间等应清楚，并和客人账户记录保持一致。

表8—2　　　　　　团队客人结账单

团队名称：			编号：
进店日期：	离店日期：	离店时间：	预交款额：
二次进店：	二次离店：	团队类别：	付费方式：
状态：	备注：		
接待单位：	联系人：		
标准间：	二人间：	双套间：	豪一：　豪二：
豪三：	外宾人数：		
团队账单：		团队记账	修改日期
团队客人：		团队结账	二次来记账

五、外币兑换业务

酒店为方便客人，受中国银行委托，根据国家外汇管理局公布的外汇牌价，代办外币兑换业务。目前，中国银行除收兑外汇现钞外，还办理旅行支票、信用卡等收兑业务。总台收银员应掌握外币兑换的业务知识，接受这方面技术技能培训，以做好外币兑换服务。

1. 外币现钞

目前，国内酒店外币兑换处承兑的外币种类有24种，即美元、英镑、法国法郎、德国马克、日圆、澳大利亚元、奥地利先令、比利时法郎、加拿大元、港元、瑞士法郎、丹麦克朗、荷兰盾、挪威克朗、瑞典克朗、新加坡元、意大利里拉、西班牙比塞塔、芬兰马克、欧元、澳门元、菲律宾比索、泰国铢、新西兰元。

酒店受中国银行委托，代办外汇兑换业务。中国银行根据酒店的业务量大小，相应拨给定额周转金，酒店总台收银处兑换点则应每天定时收外钞、银行支票及相关外币兑换凭证，递交中国银行并换回等额周转金。外币兑换的服务程序是：

(1) 弄清客人的兑换要求。

(2) 清点查收客人需兑换的外币及金额。

(3) 使用货币识别机鉴别钞票真伪，并检查其是否属现行可兑换的外币。

(4) 填制水单，查核当日现钞牌价，将外币名称、金额、兑换率及应兑金额填写在水单相应栏目内，准确进行换算。

(5) 请客人在水单上签名。

(6) 检查复核，确保其正确。

(7) 确保无误后，将兑换的款额付给客人。

2. 旅行支票

旅行支票是一种有价证券、定额支票，也称汇款凭证，通常由银行、旅行社为便利国内外旅游者而发行。旅游者在国外可按规定手续，向发行银行（或旅行社）的国内外分支机构、代理行或规定的兑换点兑取现金或支付费用。收兑旅行支票的服务程序是：

(1) 弄清客人的兑换要求。

(2) 检查、核对其支票是否属可兑换之列，有无区域、时间限制。

(3) 与客人核对，清点数额。

(4) 请客人出示有效证件，并进行复签（应看着客人进行），并检查复签是否与初签相符。

(5) 查清当日牌价，填制水单，并扣除贴息，准确换算。

(6) 请客人在水单上签名。

(7) 检查复核。

(8) 核对无误后，将支付款额付给客人。

3. 信用卡

信用卡是由银行或信用卡公司提供的一种供客人赊欠消费的信贷凭证，上面印有持卡者的姓名、号码、初签等。中国银行自1981年4月起先后与一些代理行签订协议，代兑由它们发行的信用卡。目前可兑换的信用卡有：

(1) 美国运通公司的运通卡（American Express Card）。

(2) 香港汇丰银行的东美卡（签证卡）（Visa Card）和万事达卡（Master Card）。

(3) 香港麦加利银行的大来卡（Federal Card）。

(4) 日本东海银行的百万卡（Million Card）。

(5) 日本JCB国际公司和三和银行的JCB卡（JCB Card）。

(6) 我国自行发行的信用卡现有长城卡、牡丹卡、金穗卡等。

六、夜间审核及营业报表编制

1. 夜间审核

夜间审核工作就是核查上个夜班后所收到的账单，将房租登录在客人账户上，并做好汇总和核查工作。夜审员的具体工作步骤如下：

(1) 检查所有营业部门的账单是否都已转来。

(2) 检查所有单据是否都已登上账户。

(3) 将所有尚未登账的单据登上账户。

(4) 按部门将单据分类计算出各部门的收入总额。
(5) 累计现金表，检查收到现金和代付现金的总额。
(6) 检查所有现金表上的项目是否都已登录在账户上。
(7) 检查所有优惠是否都有签字批准，是否登录在账户上。
(8) 将当日房租登记在账卡上。
(9) 将每个账卡的借方和贷方金额分别相加，得出当日余额。
(10) 将当日余额记入下一日新开账页的"接上页"行内。

此外，夜审员应将账户上的信息按项目登录到有关的账册上去，并录出总数，然后，做好下列核查工作：

(1) 核查每个营业部门的借方栏总数是否与相应的销售收入一致。
(2) 将现金收入栏和代付栏总数与现金表相比较，以确认两数相符。
(3) 核查折让与回扣总数是否与有关单据上的总数相符。
(4) 将开账余额栏的总和与上一天结账时的余额总和相比较，核查是否相符。

在此基础上，夜审员还应负责编制报表，进行包括客房、餐饮和综合服务收入统计以及全店收入审核统计，并上报总经理及转送相关部门，作为掌握和调整经营管理的重要依据。

2. 编制客房营业日报表

酒店客房营业日报表是全面反映酒店当日客房营业情况的业务报表，一般由前厅收银处夜审员负责编制。该表主要是从当日所出租的客房数量、所接待的客人数量以及所应获得的客房营业收入三方面，对酒店客房日销售状况进行归类和总结。其设计格式因酒店而异（见表8—3）。

3. 编制方法和步骤

(1) 统计出当日出租客房数、在店客人人数及客房营业收入。所出租客房数、住店的零星散客人数及其用房数、零星散客

表 8-3 　　　　　　　　　　　　　　　客房营业日报表

　　　年　　月　　日

楼层	出租客房			固定客房数			小计	客房收入	住店客人数						项目		
	零星		团队	空房	待修房	职工用房			零星		团队		内宾	小计	种类	房间数	人数
	内宾	免费	内宾						外	内	外	内					
1							15								昨日在店		
2							16								今日离店		
3							16								今日抵店		
4							15								今日总数		
5							15								空房		
6							10								待修房		
7															职工用房		
合计															总客房数		

收	团队收入	￥	种类	房间数	人数	实际可用房数	
	房租变更		预订客房			出租率	
出	客房总收入	￥	明日抵店			团队用房率	
	其中外宾收入		明日离店			平均房价	

　　　　　　　　　　　　　　　　　　　　　　　明日出租率

送：
总经理室　　　　　　　　　服务部　　　　　　
副总经理　　　　　　　　　值班经理　　　　　　
前厅部　　　　　　　　　　制表人　　　　　　复核人

的用房营业收入。免费房、待修房、空房、内宾用房以及酒店自用房的数量。在店团体的用房数、住店团体人数及其用房营业收入。

(2) 统计其他资料。包括当日离店客人人数、用房数以及当日抵店客人人数、用房数。上述数据来源于离店客人资料和"抵店客人名单"。汇总出当日出租的客房数和在店客人数,其计算方法为:

$$\text{当日出租客房数} = \text{昨日出租客房数} - \text{当日离店客人用房数} + \text{当日抵店客人用房数}$$

$$\text{当日在店客人人数} = \text{昨日在店客人人数} - \text{当日离店客人人数} + \text{当日抵店客人人数}$$

(3) 检查核对当天的客房营业收入。检查主要项目有:
①核对零星散客的租金收入。
②核对团体的租金收入。
③核对当日房价变更的统计结果。

(4) 计算出当日的客房出租率和实际平均房价

为更详尽反映具体的数据,有些酒店还要求分别统计出团队用房率,以及散客的平均房价。其计算公式为:

①客房出租率=已出租的客房数÷酒店可供出租的客房总数×100%

②团队用房率=团队用房数÷已出租的客房数×100%

③平均房价=客房营业收入÷已出租的客房数

④散客平均房价=散客用房的租金收入÷散客用房数

此外,根据预订资料和客房状况资料,统计出明日预订抵店客人用房数和明日离店客人退房数,可计算出明日预订出租的客房数和明日客房的出租率。

七、特殊情况处理

(1) 逾时离店。即过了结账时间(按国际惯例,结账时间一般为当日中午 12:00),客人仍未结账。此时,应婉转地提醒客人，超时离店，酒店会加收房费，如15:00以前结账者，加收一天房费的1/3，15:00—18:00结账的，加收1/2房费；18:00以后结账的，则加收全天房费。

（2）客人在退房结账时才提出要折扣优惠，而且也符合酒店优惠条例；或者结账时，收银员才发现该客房的某些费用输入有错误。此时，总台收银员应填写一份"退款通知书"（一式两联，一联交财务部，一联留存总台收银处），由前厅部经理签名认可，并要注明原因，最后在计算机中将差额做退账处理。

（3）住店客人的欠款不断增加。有些客人住店期间所交预付款已经用完，还有的客人入住后，长期未决定离店日期，而其所欠账款不断上升。为防止客人逃账，或引起其他不必要的麻烦，酒店通常催促客人付款。可用电话通知（注意语言艺术），也可用书面的催款信，将客人房号、姓名、金额、日期填妥后，放入信封，交接待处放入钥匙架内。一般客人见此通知后会主动前来付款。若遇客人拒绝付款时，则应及时交大堂副理处理。

（4）当住客的账单由其他住客支付时，为防止漏收情况发生，通常应在交接记录上注明，并在这两位客人的账单上附上纸条，以免忘记。当然，处理此类问题还有一种简便方法：若乙替甲付款，甲先离店，则可将甲的账目全部转入乙账单上，使甲账单挂账数为零来处理。但在此之前，必须通知乙，并有乙的书面授权，以免引起纠纷。

模块二　服务技能

一、旅行社凭单结账（见表8—4）

表8—4　　　　　　　　旅行社凭单结账

操作程序	操作标准
1. 收取旅行社凭单	（1）收取的每一张旅行社凭单均要登记在"QV"本上，由信贷部经理审批 （2）当收取旅行社凭单时，应确认凭单的有效使用范围、房间、餐饮、姓名 （3）检查完毕后的旅行社凭单要与登记卡订在一起，存入客人档案中，以便查找
2. 旅行社凭单功用的区分	（1）旅行社只包房费，计算机中将分为两张单，一张为房费（旅行社付），另外一张是客人自付账单 （2）旅行社付房费，而此房费中包括早餐，计算机中将分为3张单，1张为房费（旅行社付），另外1张是早餐账（将做减账处理），第3张单是客人自付账单 （3）旅行社付房费及早餐费：计算机中分为两张单，1张是房费和早餐费（旅行社付），另外1张是客人自付账单
3. 旅行社凭单结账	（1）客人结账后，要根据旅行社凭单，按照合同把餐饮费用调整 （2）将属于旅行社付款的账单和旅行社凭单一起转交财务部 （3）房价是酒店与旅行社之间的合同保密价，不允许将旅行社房价转告给客人 （4）旅行社凭单上所注明的费用支付，其他费用均由客人自付

注：QV——登记旅行社凭单的正确使用性与范围的记录本。

二、散客结账（见表8—5）

表8—5　　　　　　　散　客　结　账

操作程序	操作标准
1. 核对账目并确认	（1）当客人到前台结账时，确认客人姓名是否正确，并随时称呼客人的名字 （2）询问客人是只付部分账目，还是付账后即刻离店；若为后者，应确认其具体离店时间 （3）接待人员主动收取房间钥匙，并询问客人是否发生过其他消费 （4）客人结账的同时，前台接待人员要及时与客房酒吧办公室联系，查清客人房间酒水使用情况 （5）计算机打印出清单，交付客人检查，经其认可在账单上签字，并确认付款方式 （6）在调整计算机的同时，要清理客人档案栏，取出登记卡、信用卡复印件，以便其他客人重新使用 （7）客人提前付清账目，但晚些离店时，接待人员要在计算机中注明延迟离店，以便提醒其他部门及人员的注意
2. 结账	（1）客人在结账时，要查看计算机中所注明的特殊注意事项 （2）确认一切手续，在最短时间内完成结账手续 （3）微笑、有礼貌地为客人迅速、准确地办理离店手续，并表示欢迎客人再次光临，祝其旅途愉快
3. 付款方式及方法	（1）若客人用旅行社支票结账，前台不直接收取旅行支票，客人需要到外币兑换处依照当天汇率换取人民币现钞，然后再付清自己的账目 （2）若客人以信用卡付款，当客人离店时，要有礼貌地让客人出示信用卡，要对照客人的信用卡号码、有效期及签字，以确保信用卡的有效性、通用性和真实性，保证信用卡的正确使用 另：如果客人住店消费超过有效限额，将通知信用卡授权中心，申请授权号码，所批准的授权号码应写在信用卡单据的右上角 （3）根据酒店规定应收取国内流通货币。若客人持外币，需先请其到外币兑换处依照当天汇率换成店内收取货币，然后转交前台结账 （4）若为公司付款，接待人员打出计算机明细账单，经客人认可在账单上签字，并找齐所有公司担保付款凭证以及客人在店内的所有相关消费凭证一起转交至财务部，由财务部和公司进行结算

三、团队结账（见表8—6）

表8—6　　　　　团　队　结　账

操作程序	操作标准
1. 准备团队总账	(1) 在团队离店前一天，根据团队指令准备好团队总账 (2) 登记进店和离店日期、团队名称、房间数、房间类型、房价、餐饮安排和押金收取 (3) 用美元计算团队总账单
2. 领队在总账单上签字	(1) 团队在离店前，及时与领队联系，随时沟通团队付账情况 (2) 经领队认可在总账单上签字，其余账目由客人各自付清，领队要保证全队账目结算清楚，方可离开酒店
3. 转交账单至财务部	(1) 团队总账单由领队签字认可后，转交至财务部 (2) 财务部将与旅行社联系解决有关付款问题，如有特殊情况，旅行社将在团队到达时现付或预先付定金作为担保
4. 办理团队离店手续	(1) 检查团队所有账目是否已付清 (2) 收取团队全部房间钥匙 (3) 查清账目后，发放行李放行单，作为团队可离店的凭证

四、凭账的处理（见表8—7）

表8—7　　　　　凭账的处理

操作程序	操作标准
1. 核对	(1) 分清付款方式的种类，与计算机中核对，做到平账为止 (2) 计算机记载的现金额需与实际所收的现金相符合 (3) 支票要与计算机中所输入的数额相符，并且要在支票背面注明支票人的地址、姓名。支票上填写的阿拉伯数字与中文大写数字一致，且不得涂改 (4) 所收现金、支票总额需与计算机记载总额完全相符
2. 上交	(1) 现金及支票将装入特定的信封内交与总出纳核对 (2) 计算机报表所显示的账目分部总额将与当天所收全部账目一同交至财务部检查分类

五、前台客用贵重物品保险箱的使用及管理（见表8—8）

表8—8　前台客用贵重物品保险箱的使用及管理

操作程序	操作标准
1. 为客人建立保险箱	（1）请客人出示房卡或钥匙牌，以证明其为住店客人。只有住店客人方可免费使用贵重物品保险箱 （2）递给客人一张空白保险箱登记卡，请客人在登记卡上逐项填写，包括房间号码、印刷体的英文姓名（或中文）、家庭住址、使用人签字和日期
2. 存入	（1）检查登记卡，保证无漏填项目后，递给客人一把保险箱钥匙，并将钥匙号码填写在登记卡的右上角，同时签上客人的姓名 （2）用由问询处员工掌管的保险箱母钥匙和交给客人保管的子钥匙一起，帮客人打开保险箱，并向客人讲清楚要保存好子钥匙，如遇钥匙丢失，应付一定的赔偿费
3. 登记	（1）客人存放物品完毕后，员工在保险箱登记本上逐项登记，包括日期、保险箱号、客人房间号、客人姓名、开箱时间和员工签字 （2）在客人填好的登记卡上，把客人姓的第一个字母填写在登记卡的右上角，并将登记卡按英文字母顺序存档
4. 客人取存物品	（1）按照客人姓的第一个字母和保险箱号找出贵重物品登记卡，请客人在此卡背后的使用栏目中签字 （2）检查客人的签字和登记卡上的签字，两次的笔迹若相符，方可开箱取物 （3）替客人打开保险箱 （4）员工在登记卡上签字，注明日期 （5）将此卡放回存档处
5. 存档	（1）按照客人姓氏的第一个英文字母顺序存档 （2）如果是两人或两人以上共用一个保险箱，只需其中一人来填写登记卡，并用其姓氏的第一个字母进行存档，其他客人则需在登记卡上签字。若其他人取存物品，需讲明这张卡片登记者的姓名，以此为据查询此卡

续表

操作程序	操作标准
6. 客人结束使用保险箱	（1）按照客人姓氏的第一个字母和保险箱号码找出客人的登记卡，请客人在此卡背后"结束使用保险箱"处签字认可 （2）核对客人前后签字笔迹是否相符。如相符，方可开箱 （3）客人从保险箱内取完物品后，工作人员再次检查保险箱，确保客人的物品已全部取走，然后锁上保险箱，将保险箱子钥匙放回存放柜中 （4）工作人员在客人取消的登记卡背后右下角签字，注明日期，并在登记卡中间的空余栏目中划上"Z"，取消其使用空间 （5）在停用保险箱登记本上逐项登记，包括日期、房间号、保险箱号、时间及工作人员签名 （6）把登记卡存档 （7）每周一上交财务部复查
7. 输入文字处理机并打印报表	（1）打开文字处理机和打印机，进入保险箱管理系统 （2）输入当日使用者的保险箱号码 （3）输入使用者姓名、房间号码和开始日期 （4）输入当日取消者号码，在计算机中使其进入空箱状况 （5）进入打印系统打出下列报表 ①保险箱出租率 ②当日使用保险箱报告 ③空余保险箱报告 （6）将文字处理机和打印机关闭
8. 核查钥匙	（1）每日核查客用保险箱子钥匙 （2）每日早班工作人员根据当日空余保险箱号码报表核查存放柜中的子钥匙，要求两者相符
9. 输入酒店计算机系统	凡用酒店客用保险箱的客人，每日早班工作人员在计算机系统储存的使用客用保险箱客人的信息中注明： LOCATOR：<u>USED SAFE</u> 以便客人离店前由结账人员提醒客人退还保险箱钥匙

考 核 指 南

基础知识部分

考核内容
1. 前厅收银处业务范围有哪些?
2. 前厅收银处业务岗位有哪些?
3. 前厅收银形式有哪两种?
4. 如何编制客房营业日报表?

考核方式
笔试或口试。

服务技能部分

考核内容
1. 旅行社凭单结账。
2. 散客结账。
3. 团队结账。
4. 凭账的处理。
5. 前台客用贵重物品保险箱的使用及管理。

考核方式
训练室现场模拟操作。

第九单元 前厅总机服务

模块一 基础知识

电话总机是酒店内外沟通联络的通信枢纽和喉舌,以电话为媒介,直接为客人提供转接电话,挂拨国际或国内长途,提供叫醒、查询等项服务,是酒店对外联系的窗口,代表着酒店的形象,体现着酒店的服务水准。

一、总机服务的业务范围
(1) 转接酒店各类电话。
(2) 回答所有客人的问询。
(3) 为客人提供叫早、留言服务。
(4) 寻呼客人及工作人员。
(5) 负责店内紧急事件的报警联络工作。

二、总机服务的业务岗位
1. 总机服务的岗位职责
(1) 电话室主管的岗位职责
①掌握酒店客房状态及客人情况。
②调查客人关于电话服务方面的投诉,并且作出适当的处理。
③当工作需要时,应在岗位上按照工作程序和标准做接线工作。
④定期对本部门员工实施绩效评估,按照奖惩制度实施奖惩。

⑤组织督导实施本部门员工培训。

⑥安排下属班次,布置任务,并督导其日常工作,保证电话业务正常运转。

⑦随时检查并保证呼叫系统正常进行。

⑧将所有不断更新的信息记录下来,并通知所有的接线员。

(2) 话务员岗位职责

①按照工作程序和标准帮助客人打外线,进行分机与分机间的转接及拨报长途电话。

②将手工记录的电话费用送到前台入账。

③处理外线电话,将它们转到所需分机;当没有人接听电话时,一定要主动询问客人是否需要留言。

④为客人提供叫醒服务。

⑤按照工作程序和标准处理客人留言。

⑥按照标准和程序处理报警工作。

⑦解答客人所有问询。

⑧帮助客人及酒店人员寻呼所需寻找的人。

⑨保持电话室内的清洁,做好交接班工作。

2. 总机服务各班次工作内容

(1) 日班工作内容

①阅读话务台交接班本并签名。

②了解当天 VIP 客人入住情况并熟记房号、身份及姓名。

③向夜班人员了解叫醒服务、电话转移、"请勿打扰"设置及客人留言(去向)情况。

④了解当天天气情况。

⑤开展正常话务工作。

⑥听从领班用午餐的安排。

⑦做好每班的卫生清洁工作。

⑧向中班人员交班。

(2) 中班工作内容

①参加交班会。
②阅读话务台交接班本并签名。
③了解当天 VIP 客人入住情况并熟记房号、姓名及身份。
④向日班人员了解电话转移、"请勿打扰"设置、客人留言（去向）情况、下午晚上及第二天的叫醒等情况。
⑤了解当天天气情况。
⑥开展正常话务工作。
⑦听从领班用晚餐的安排。
⑧接受第二天的叫醒服务要求，并认真做好记录。
⑨做好每班的卫生清洁工作。
⑩向夜班人员交班。
（3）夜班工作内容
①阅读话务台交班本。
②了解当天 VIP 客人入住的情况，并熟记房号、姓名及身份。
③向中班人员了解电话转移，"请勿打扰"设置，客人留言（去向）情况，接受第二天的叫醒服务要求，开展正常的话务工作，做好卫生清洁工作，核查叫醒服务等情况，并向早班人员交班。

三、总机房的设备与环境
1. 总机房的设备
（1）电话交换机。交换机的种类、型号繁多。目前，较为先进的有 PABX 交换机（日本制造）、EBX 交换机（荷兰制造）、PMBX 交换机等。其中 EBX 交换机的功能有：
①自动振铃，并显示其日期、时间。
②自动显示通话线路、号码及所处状态（Busy、Answer、Ring）。
③自动定时回叫等候电话。
④同时接通多路分机。

⑤阻止分机间直接通话（Block lines）。
⑥封闭、开启某分机线路。
⑦自动显示分机当时所处状态（外线、内线）。
⑧请勿打扰功能（阻止外线电话进入某分机）。
⑨自动控制音量及显示留言信号等。

（2）话务台。话务台是话务员工作的台面，为避免话务员相互间的影响，通常将它们相互隔开。部分酒店在每张话务台前均有玻璃镜，以使话务员能始终注意到自己的言谈举止，集中精力，从而确保对客人服务的质量。

（3）问询架。其功能和使用方法与前台问询架相同。它能根据住客的姓名迅速查找出住客的房号及个人基本情况。

（4）长途电话自动计费机。

（5）自动打印机。

（6）传呼器发射台。

（7）计算机。

（8）定时钟、记事牌等。

2. 总机房的环境

总机房的环境优劣将直接影响话务员对客服务的效率和质量。其环境要求为：

（1）安静、保密。总机房应处于宁静的氛围中。未经许可，任何人不得擅自进入。

（2）便于与总台联系。在对客服务过程，总机与总台有着极为密切的联系。因此，总机房的设立位置应尽量靠近总台，或应具备必要的通信联络设备，如风管、计算机终端等。有些小型酒店将总机直接安装在总台，由接待员兼管。

（3）清洁、整齐。总机房内的各种办公用品应明确定位，各类表格也应归类存放。否则，环境的杂乱会给话务员带来慌乱及不耐烦的心理作用，从而影响其对客服务的精神状态。

（4）优雅、舒适。总机房应配有空调设备，应有足够的新鲜空气。话务员所用座椅必须舒适、轻松。房内整个环境也应赏心悦目（如挂风景壁画、放鲜花盆景等）。优雅、舒适的环境将会给话务员对客服务创造良好的客观条件。

3. 总机室必备资料
(1) 各航空公司电话号码。
(2) 汽车出租公司电话号码。
(3) 各大酒店电话号码。
(4) 附近花店电话号码。
(5) 公司主管及员工电话号码。
(6) 附近派出所电话号码。
(7) 火警处理及医疗急救电话号码。
(8) 附设各餐厅营业时间。
(9) 客房服务、专卖店、理发店、美容室等的营业时间。

四、总机服务的基本要求

总机服务在酒店对客服务中扮演着重要角色。每一位话务员的声音都代表着"酒店的形象"，是酒店"只听悦耳声，不见微笑容"的幕后服务大使。话务员必须以热情的态度、礼貌的语言、甜美的嗓音、娴熟的技能、优质高效地开展对客服务，使客人能够通过电话感觉到来自酒店的微笑、热情、礼貌和修养，甚至感受到酒店的档次和管理水平。

1. 话务员的素质要求
(1) 修养良好，责任感强。
(2) 口齿清楚，音质甜美，语速适中。
(3) 听写迅速，反应敏捷。
(4) 专注认真，记忆力强。
(5) 有较强的外语听说能力。
(6) 有酒店话务工作经历，熟悉电话业务。
(7) 有熟练的计算机操作和打字技术。

(8) 有较强的信息沟通能力。
(9) 掌握酒店服务、旅游景点及娱乐等知识与信息。
(10) 严守话务机密。

2. 总机服务基本要求

(1) 礼貌规范用语常不离口，坐姿端正，不得与客人过于随便。

(2) 铃声振响后，立即应答，高效率地转接电话。

(3) 若客人指明要找某人听电话，应协助寻找受话人，而不应简单地接通某分机。

(4) 若需客人等候，在接通期间应不断地将进展情况通报客人，不应只按音乐键；线路畅通后，应事先通知客人，再接通电话。

(5) 若接通某分机有困难，应主动征求客人意见，是否同意转接到其他分机，或请其他人接听电话，不可擅自将电话转接到其他分机上。

(6) 若应回答外部来话时，应先报酒店名称，并向客人问候："您好！×××酒店。"

(7) 若应答内部来话时，应先报本岗位名称，再向客人问候："您好！总机。"视酒店客人构成而决定先说中文还是先说英文。如酒店所接待对象以内宾为主，则先用中文，后说英文；如住客以外宾为主，则先说英文，后说中文。

(8) 对于客人的留言内容，应做好记录，不可单凭大脑记忆。复述时，应注意核对数字。

(9) 应使用婉转的话语建议客人，而不可使用命令式的语句。

(10) 若对方讲话不清，应保持耐心，要用提示法来弄清问题，切不可急躁地追问或嘲笑、模仿等。

(11) 若接到拨错号或故意烦扰的电话，也应以礼相待。

(12) 应能够辨别酒店主要管理人员的声音。

(13) 结束通话时,应主动向对方致谢,待对方挂断电话后,再切断线路。切忌因自己情绪不佳而影响服务质量。

模块二 服 务 技 能

一、回答客人问询电话(见表 9—1)

表 9—1　　　　　　回答客人问询电话

操作程序	操 作 标 准
1. 接到客人问询电话	(1) 在铃响 3 声之内,接听电话 (2) 清晰地报出所在部门 (3) 表示愿意为客人提供帮助
2. 聆听客人问询内容	(1) 仔细聆听客人所讲的问题 (2) 必要时,请客人重复某些细节或含混不清之处 (3) 重述客人问询内容,以便客人确认
3. 回答客人问询	(1) 若能立即回答客人,应及时给客人满意的答复 (2) 若需进一步查询方能找到答案,请客人挂断电话稍候 (3) 在计算机储存信息中查询客人问询内容,找到准确答案 (4) 在机台操作,接通与客人房间的电话 (5) 清晰地报出所在部门,重复客人问询要求,获得客人确认后,将答案告诉客人 (6) 待客人听清后,征询客人是否还有其他疑问之处,表示愿意提供帮助

注:计算机中应储存的信息包括:(1) 各大酒店电话号码;(2) 各国大使馆电话号码;(3) 各航空公司电话号码;(4) 各大医院电话号码;(5) 当地各大餐厅的电话号码;(6) 政府机构电话号码;(7) 最新电话号码。

二、电话"请勿打扰"服务（见表9—2）

表9—2　　　　　　　电话"请勿打扰"服务

操作程序	操作标准
1. 接到客人电话，要求"请勿打扰"服务	(1) 当客人打电话到总机，告诉话务员其要外出时，话务员询问客人房号、姓名及客人的去向 (2) 将上述信息与电脑记录核对 (3) 告知客人当其回到房间后请通知总机，取消"请勿打扰" (4) 迅速将有关内容准确记录在案
2. 将房间电话做上"请勿打扰"标记	(1) 按一下机台上的 DND 键 (2) 当机台显示屏上出现"DND STA—"以后，将房号输入 (3) 按一下执行键"♯"键 (4) 当机台显示屏上出现："STA—房号"之后，按 DND 键，机台屏幕上显示"STA—房号 DND"
3. 将客人现在所在位置输入计算机	(1) 首先计算机屏幕应位于"TELEPHONE SCREEN"里（电话系统） (2) 将客人房号输入，然后按"ENTER"键 (3) 在屏幕上查出客人姓名，将序号打在姓名上，按"ENTER"键 (4) 用简单的英文将客人现在的位置输入计算机
4. 取消电话的"请勿打扰"	(1) ~ (3) 与将电话做上"请勿打扰"相同 (4) 当机台屏幕上显示："STA—房号 DAD"后，按"ENTER"键，屏幕上的"DND"即会消失，电话的"请勿打扰"同时被取消
5. 取消计算机中客人所在位置的记录	(1) ~ (3) 与将客人现在所在位置输入计算机相同 (4) 按 CMD3 键，客人现在所在位置的记录即从计算机中消失

三、总机叫早服务（见表9—3）

表9—3　　　　　　　　总机叫早服务

操作程序	操作标准
1. 接到客人要求叫早服务的电话	(1) 当客人需要叫早服务时，话务员要问清客人的房间号码、姓名及叫早时间 (2) 话务员复述一遍客人的要求，以获客人确认 (3) 祝客人晚安
2. 输入叫早要求	(1) 按机台上的叫早键 (2) 输入客人的房间号码 (3) 输入叫早时间 (4) 按机台执行键
3. 填写叫早登记本	当话务员将叫早时间输入机台后，在叫早登记本上填写客人的房间号码、客人叫早时间及话务员姓名
4. 叫早没有应答情况的处理	若房间无人应答，5分钟后再呼叫一次。若仍无人回话，则应通知客房管理处，客人的房间号码及叫早时间，问明并记下客房管理处人员姓名，实地察看，查明原因

四、电话留言服务（见表9—4）

表9—4　　　　　　　　电话留言服务

操作程序	操作标准
1. 接到店外客人留言要求	(1) 当客房电话无人接听，店外客人要求留言时，话务员应认真核对店外客人要找的店内客人姓名 (2) 准确记录留言者的姓名和联系电话 (3) 准确记录留言内容 (4) 复述留言内容与店外客人核对
2. 将留言输入电话	(1) 使用计算机查出店内客人房间 (2) 通过固定的计算机程序输入留言内容 (3) 核实留言内容无误 (4) 在留言内容下方输入为客人提供留言服务员工姓名 (5) 按"ENTER"键打出留言

续表

操作程序	操作标准
3. 亮客房留言灯	(1) 按留言灯键 (2) 敲入房间号码 (3) 按执行键"♯"键 (4) 再按一下留言灯键
4. 将计算机中的留言取消	(1) 在计算机上输入客人房间号码 (2) 计算机屏幕显示留言内容 (3) 将计算机中的留言取消
5. 熄灭客房留言灯	(1) 按留言灯键 (2) 敲入房间号码 (3) 按执行键"♯"键 (4) 再按一下留言灯键

五、转接电话（见表 9—5）

表 9—5　　　　转 接 电 话

操作程序	操作标准
1. 转接电话	(1) 清晰地问候 (2) 听清电话内容 (3) 判断分机是否正确 (4) 迅速、准确地转接
2. 电话占线情况的处理	(1) 礼貌地问候 (2) 及时跟客人说明占线情况 (3) 请客人稍后再试或留言
3. 电话无人接听	(1) 向客人说明电话无人接听的情况 (2) 主动征询客人是否愿意稍后再接或留言

六、客人及员工紧急报火警的处理（见表9—6）

表9—6　　客人及员工紧急报火警的处理

操作程序	操 作 标 准
1. 接到紧急报警	(1) 首先告诉报警人要保持冷静 (2) 向报警人询问以下内容 ①报警人姓名 ②报警人所在部门 ③出事地点 ④何物燃烧 ⑤火势大小 (3) 迅速将有关内容准确记录在案 (4) 告诉报警人："我们会立即通知有关部门及人员，请您马上寻找紧急出口撤离。"
2. 通知消防控制中心	(1) 立即通知消防控制中心以下内容 ①报警人姓名 ②报警人所属部门 ③着火地点 ④燃烧物 ⑤火势大小 ⑥话务员姓名 (2) 记录受话人姓名
3. 记录报警	准确地将接到的报警内容记录在报警本上
4. 等待消防中心的报警	消防中心会立即派人实地查询，若情况属实，会立即从出事地点向总机报警
5. 接到消防中心紧急报警	消防中心紧急报警的处理
6. 通知有关部门	消防中心紧急报警的处理
7. 记录紧急报警	消防中心紧急报警的处理

考核指南

基础知识部分

考核内容

1. 简述总机服务的业务范围。
2. 了解前厅总机各岗位的岗位职责。
3. 总机房的环境有哪些要求?
4. 对话务员有何素质要求?
5. 简述总机服务的基本要求。

考核方式

笔试或口试。

服务技能部分

考核内容

1. 回答客人问询的操作程序及方法。
2. 电话"请勿打扰"服务的受理。
3. 叫早服务的受理。
4. 留言服务的受理。
5. 转接电话的受理。
6. 客人及员工紧急报火警的处理。

考核方式

训练室现场模拟操作。

第十单元　商务中心服务

模块一　基　础　知　识

　　为满足客人的需要,现代酒店,尤其是商务型酒店通常都设有商务中心,为客人提供复印、传真、电传、电报、文字处理、翻译、文件抄写核对、会议记录、代办邮件以及秘书工作等服务。商务中心一般设在酒店大堂附近的公共区域内,一则方便客人,二则便于与总台联系。若商务中心本身配备大小不等的会议室,则往往单独设在酒店某一楼层上。为便于客人使用商务中心从事各类商务活动,商务中心应具有安静、隔音、优雅、舒适、整洁等特点,环境布置应令人赏心悦目,以提高工作效率。

一、商务中心的业务范围
（1）为各类宾客提供文字处理服务。
（2）提供打印、复印、装订文件服务。
（3）提供发送传真服务。
（4）提供接收传真服务。
（5）提供满足客人的额外服务（如会议室的预订、电话呼叫等）。

二、商务中心的业务岗位
1. 商务中心各岗位职责
（1）商务中心经理岗位职责
①督导本部门的日常工作，编制人员上班轮值表。
②管理本部门的所有设备，使其正常工作。
③负责员工的培训、考核、评估。
（2）商务中心主管、领班岗位职责
①对前厅部经理负责，确保商务中心工作优质高效。
②负责对下属员工排班、考勤。
③检查商务中心的设施设备保养状况以及卫生情况，如复印机、传真机、打字机、碎纸机等工作是否正常。
④掌握当日VIP客人情况，并安排好工作。
⑤检查当班员工仪表仪容、礼貌礼节、工作态度及服务状态。
⑥查阅交接班本，并做工作指示。
⑦将夜间接收的传真、电传及时转送客人手中，疑难文件速交大堂副理处理。
⑧核对前一天的营业日报表及单据，堵塞财务漏洞。
⑨定期召开会议，评估上周工作，传达部门主管等会议的有关内容。
⑩定时填报当月工作报表，并交下月工作计划。
⑪督导票务员做好票务工作。

⑫负责对员工业务和外语培训,并定期进行考核。
⑬定期对员工开展工作评估,并执行奖惩制度。
⑭协调与其他部门关系,处理客人有关商务中心服务的投诉。
⑮与电信部门保持密切联系,确保电信业务的顺利进行。
⑯遇有重大问题或难题,及时汇报,以便尽快解决。
(3) 商务中心文员岗位职责
①准确、迅速地解答客人有关商务服务的各种问题。
②为客人提供复印、打字、传真、收发以及翻译等服务,并为客人保密。
③确保工作环境整洁,办公设备良好、有效。
④认真填写交接班本,做到书写清楚、正确、完整。
(4) 商务中心票务员岗位职责
①代办客人的邮件业务,出售邮票。
②代办交通票务。
③代办旅游、娱乐及体育票务。
④代印名片、冲洗胶卷、扩印照片等。
2. 商务中心各班次安排
(1) 早班工作内容
早班的时间一般是 07:00—15:30。
①主班人员的工作内容
a. 从交班本及夜班处了解上一班所发生而又需要交给本班继续做的工作。
b. 签阅交班本、VIP 单、通知,填写签到表。
c. 点清上班所交的单据、备用款和营业款。
d. 了解会议室、办公室出租情况。
e. 负责接听营业大厅的电话。
f. 负责对商务中心的照明、空调进行调节,若需要更换维修的要向工程部调度室报修。

g. 对本班的营业收入做账，点清备用款和营业款。
　②副班人员工作内容
　　a. 签阅交班本、VIP 单、通知，填写签到表，了解会议室、计算机出租情况，做好会议前的准备工作，在交班本上写上自己的午餐时间。
　　b. 检查复印、通信、打字设备是否处于良好的工作状态。添加复印机纸盘纸张，补充传真、复印、秘书服务、计算机出租等有关表格和价目表。整理好各类型的复印纸并放在柜内以备用。
　　c. 检查工作工具，参考资料数量是否足够，整理书架里的书籍、报纸、杂志并按顺序摆放好。
　　d. 收拾台面纸张，把客人作废的稿件及时用碎纸机切碎。清倒纸篓内的垃圾、烟灰缸里的烟头等物。及时清洁玻璃台面指印，捡起地毯杂物。摆齐、摆好室内椅子，清洁、消毒、放好电话机。
　　e. 协助主班人员完成客人交付的工作。
　　f. 负责会议席间服务，收拾洗手间，清洗杯具，对杯具进行高温消毒，更换脏毛巾领回干净的毛巾备用。按要求收拾好会议室，补充好文件夹内纸张、签字笔及铅笔等。
　　g. 帮助主班人员准备好零钱。
　　h. 负责帮助客人复印，记录进出的传真稿件并送到询问处。
　　i. 负责更换报纸、杂志。并在 07:15 到复印室、打印室协助该室员工搞好清洁卫生。
　　j. 对未完成的工作向主班汇报，做好书面交班。
　（2）中班工作内容
　中班的工作时间一般为 15:00—23:30。
　①主班人员的工作内容
　　a. 从交班本及夜班处了解上一班所发生而又需交给本班继续做的工作。

b. 签阅交班本、VIP 单、通知，填写签到表。

c. 点清上班所交单据、备用款和营业款。

d. 了解会议室、办公室的出租情况，负责接听营业大厅的电话，并接待好每一位来商务中心的客人。

e. 监督副班人员的工作。

f. 清点文具用品及工作书籍。

g. 负责对商务中心的照明、空调进行调节，需要更换维修的，及时向工程部调度室报修。

h. 对本班的营业收入做账，点清备用款和营业款。

i. 为明天的会议室设备预订订单。

j. 与下一班的夜班职员做好交接工作。

②副班人员的工作内容

a. 按照"一周卫生清洁表"搞好当天规定的区域卫生。

b. 签阅交班本、VIP 通知单，填写签到表，了解会议室出租情况，做好会议前的准备工作，在交班本上写上自己的晚餐时间。

c. 检查复印、通讯、打字设备是否处于良好的工作状态。添加复印机纸盘纸张，补充传真、复印、秘书服务、电脑出租等有关表格和价目表。整理好各类型的复印纸并放在柜内备用。

d. 检查有关工作工具，参考资料数量是否足够，整理书架里的书籍、报纸、杂志并按顺序摆放好。

e. 收拾台面纸张，把客人作废的稿件及时用碎纸机切碎。清倒纸篓内的垃圾、烟灰缸里的烟头等。及时清洁玻璃台面指印，捡起地毯杂物。摆齐、摆放好室内椅子，清洁、消毒、放好电话机。

f. 协助主班人员完成客人所交付的工作。

g. 负责会议席间服务，收拾洗手间，更换脏毛巾，按要求把面巾叠好，收拾会后的会议室，补充文件夹内纸张，削尖铅笔，按要求把它们放好。清洗杯具，对杯具高温消毒，沸后把杯具擦干净放回原处。

　　h. 帮助主班职员准备好零钱，并负责替代复印室人员的岗位，记录进出的传真、电传稿件并送到询问处。

　　i. 在 23:00 过后锁好内部复印室的门。

　　(3) 夜班工作内容

　　①夜班的工作时间一般为 23:00—07:00。

　　②签阅交班本、VIP 单、通知，填写签到表。

　　③点清上班交下的单据、备用款和营业款。

　　④接待好每一位来商务中心的客人，按照有关工作程序对不同的服务采取相应的接待措施，灵活处理，力求使客人满意。

　　⑤搞好商务中心的清洁卫生工作。

　　⑥对当天的营业收入进行统计。

　　⑦登记好单据号码和复印机流水号，做好交班与早班的交接工作。

　　3. 商务中心文员的素质要求

　　(1) 修养良好，热情礼貌，责任心强。

　　(2) 机智灵活，能有效地与客人沟通。

　　(3) 熟悉工作业务及其程序，掌握工作技巧和服务技能。

　　(4) 知识面较广，英语听、说、写、口译均熟练。

　　(5) 具有熟练的计算机操作和打字技术。

　　(6) 熟知酒店设施、服务项目和各类促销营业推广信息。

　　(7) 掌握旅游景点及娱乐等方面的知识和信息。

　　(8) 票务员应熟知各类票价、邮政须知和收费标准，以及国内外主要报纸、杂志的类型和收费标准。

模块二 服务技能

一、发送传真（见表10—1）

表10—1　　　　　　　　发 送 传 真

操作程序	操作标准
1. 发送传真前的准备工作	(1) 先请客人坐下，并迅速递给客人传真纸 (2) 查看客人提供的国家及地区代码，如有不清楚，立即询问 (3) 事先向客人说明传真价格，并将每分钟的价格告诉客人
2. 发送传真	(1) 发传真时，要把账单号、传真号、张数写在传真登记表上，发完后把起始时间写在登记表上，所用时间写在账单上 (2) 快速查询、核对客人的姓名及房间号，以免发生不必要的争议 (3) 有时传真机会全部被占用，应有礼貌地向客人解释并告诉客人："我们会尽快为您发出，请不必担心。" (4) 遇有客人发传真时，要尽快为客人将传真发出 (5) 在客人不等发的情况下，告诉客人传真发出后将把原件送回房间，请客人先签单；如果是店外客人，应先付押金，发出后通知客人来取 (6) 如果机器线路都被占用，应把传真放在待发盘里，以免混乱
3. 备送原件	(1) 入完账单后，应及时把客人的文件送回房间 (2) 送回时，需装进信封，并在信封上打印： 客人姓名　Mr. Lin 收、发传真　Incoming/Outgoing Fax 页数　Two page 房间号　3315 (3) 打完信封后，在传真记录本上写清日期和时间。注明是接收还是发送、总页数，签上经办人的名字 (4) 打好的信封登记后，整齐地放在传真记录本的上方 (5) 问询处的送信员或行李员每小时来取一次传真。若有加急传真，应及时打电话通知，问询处的送信员应把传真立即送到客人房间

二、预订会议室（见表10—2）

表 10—2　　　　　预订会议室

操作程序	操作标准
1. 预订登记	（1）店内客人预订时，须问清客人姓名、房间号并告诉客人租金 （2）如果店外客人来电话预订，需留下客人的姓名、电话 （3）如果客人来商务中心预订会议室，请客人在会议室预订日记本上签字，并押下信用卡 （4）所有商务中心会议室预订必须在会议室预订日记本上记录
2. 询问客人有无其他要求	（1）是否需要饮品，如咖啡、菜、点心等 （2）是否需要投影仪、录像机、信纸、笔等 （3）提前准备特殊用品，并按规定收费
3. 检查会议室状况	在会议室出租前1小时检查清洁工作，发现问题立即与有关部门联系
4. 结账	将所有附加费用加在每日租金上，然后入账

三、打印文件（见表10—3）

表 10—3　　　　　打 印 文 件

操作程序	操作标准
1. 浏览原稿	浏览客人需要打印的文件，了解客人要求
2. 介绍价格和完成时间	向客人介绍有关价格及大约完成时间
3. 修改文件	客人需修改文件时，为其修改文件并打印出来，并请客人检查确认
4. 文件存盘	询问客人是否需保留该文件，如果保留，请其确认保存期限；如不要求保留，则删除该文件
5. 入账	（1）准备客人的账单并登记时间 （2）请客人在账单上签字，如不是住店客人需交押金 （3）确认客人已签单，然后立即入账
6. 复印原稿	复印原稿，并将1份复印件交予商务中心经理

考 核 指 南

基础知识部分

考核内容
1. 简述商务中心的业务范围。
2. 简述商务中心各岗位职责。
3. 对商务中心文员有哪些素质要求?

考核方式
笔试或口试。

服务技能部分

考核内容
1. 发送传真的操作程序及方法。
2. 会议室预定的受理。
3. 打印文件的操作程序及方法。

考核方式
训练室现场模拟操作。

下篇 客房服务

第十一单元 客房部概述

模块一 客房部的概念、任务、地位及岗位设置

酒店的基本功能是向客人提供食宿,满足其旅居生活基本需要。客房是客人旅游投宿的物质承担者,也是酒店经济收入的主要来源之一。在我国旅游酒店的建筑结构中,客房的建筑面积一般占总面积的60%以上。它既是酒店的基本设施和存在的基础,又是酒店档次和服务质量的重要标志。

一、客房部及客房产品的概念

客房是酒店出售的主要满足客人休息、睡眠需要的产品。客房产品是宾客入住酒店时必须购买的产品,它是一种特殊的产品。

二、客房产品的要求、特点及服务

客房是酒店的重要产品之一。客人对酒店产品的基本要求,也是对客房产品的基本要求。

1. 消费者对酒店产品的基本要求

在现代酒店创立之前,清洁、舒适、方便、安全四个方面就作为酒店经营者的追求目标。至今,这四个方面已成为消费者选择、衡量酒店的最基本要求。

(1) 清洁。清洁、卫生是现代文明的标志。它不仅对人类具有生理上的意义,关系到人的身体健康,而且具有精神、审美的意义。酒店作为一种服务于公众的社会设施,更需要从清洁卫生入手,满足旅游者和社会文明建设的需要。

清洁是每一个酒店消费者十分关注和重视的基本需求。美国康奈尔大学酒店管理学院对3万名旅游者的调查获悉,60%的人把清洁列为第一需求。由于有些酒店环境不洁,虫鼠骚扰,用具脏,使客人产生厌恶、愤怒的情绪,严重损害了酒店的声誉。消费者要求清洁,不仅是对中高档酒店的要求,而且是对所有酒店的基本要求。清洁主要体现在以下几个方面:

①环境整洁。

②设施设备清洁卫生,无破损。

③用品、用具卫生清洁,无污渍,无破损。

④酒店食品卫生清洁,操作间卫生清洁。

⑤酒店装饰、地面洁净。

⑥无虫鼠等。

(2) 舒适。酒店主要是休息场所。作为旅游者的家外之"家",酒店应创造舒适、安静的环境和条件。舒适,并不一定要求高档,而是要满足客人休息和心理上消费的需要。因此,酒店应注意店址的选择、隔音设施的采用、装饰材料色彩的协调以及服务工作的轻声化。

(3) 方便。客人选择酒店时考虑的一个重要因素即是方便。如酒店的地理位置是否便于活动、设施设备是否适合自己的需要、服务项目是否能满足生活和工作需要等。当然,随着社会的发展,客人对"方便"的要求会越来越多,涉及面也会越来越广,如预订程度、结算速度、特殊要求的满足程度和现代化服务手段等。客人在酒店内生活方便,心理上就会产生舒适和愉快的感觉,从而消除种种不安和烦躁情绪。因此,酒店应不断预测客人的需求变化,为客人提供更多的便利服务。

(4) 安全。保障客人的安全是酒店一项非常重要的任务,也是客人最基本的要求之一。客人的安全要求体现在人身、财产安全,还体现在健康的安全上。为保障客人的人身、财产安全,酒店应有严格的防火、防盗措施和设施设备,有一批训练有素的消防、保安人员,还应有一批技术精湛的工程人员和必要的监控设备,以防发生意外人身事故。为保障客人的健康安全,酒店应有严格的食品卫生措施和高质量、高标准的饮食卫生环境,让客人看着舒心,吃着放心。

2. 客房产品的基本要求

客房作为产品出售,有七个方面的基本要求。

(1) 客房空间。客房空间是最基本的要求。我国旅游涉外酒店星级标准规定:标准间客房净面积(不含卫生间)不能小于16平方米,卫生间面积不能小于4平方米,标准间高度不能低于2.7米。

(2) 客房设备。设施设备是满足宾客住店要求的最基本物质基础。客房设备包括床、地毯、电视、电话、空调及家具等,是构成客房实用性的重要条件之一,因此,必须做到保质保量,而且要方便客人使用和服务人员操作。

(3) 日常用品。客房内的日常用品包括客人的消耗用品和需要租借的用品。消耗用品包括多次性消耗用品和一次性消耗用品。供应物品也是构成客房实用性的必要条件，不同等级的酒店应该根据星级酒店标准规定配备合适的日常用品。

(4) 客房运转。客房的设施设备，只有在正常运转状态下，才能为客人提供良好的服务。如果设施设备维修保养差，必然引起客人的不快。客房部必须执行严格的岗位责任制，协调与其他部门的关系，组织员工共同劳动，使客房保持清洁高雅、温度适中、美观有序、设施设备齐全完好的状态，为客人提供规范性和针对性相结合的优质服务。只有这样，客房商品的价值才能得以实现。

(5) 客房卫生。酒店，特别是涉外旅游酒店都应按照国际标准来接待客人。客房档次不同、价格不同，对清洁卫生的要求当然有所不同。但客房陈设再简朴，卫生间不能不洁净；酒店档次低，卫生质量的基本标准不能降低。一家酒店的客房是否整洁，已成为中外客人选择住宿的首要条件。

(6) 客房安全。客人外出，考虑的主要问题是安全。居住酒店的客人也会常有一种在陌生地的不安全感。因此，要在酒店的客房区域创造一种安全的气氛，如设置完好的设施设备，以便防火防盗防疾病；保护客人的隐私，尊重客人对房间的使用权，让客人不受到骚扰和侵犯等。客房的安全状况是客房商品的重要组成部分。

(7) 客房服务。酒店在提供客房物质基础时，必须提供相应的客房服务。客房服务是体现酒店产品的独特性之处，也是一个酒店区别于其他酒店之处。

符合以上七个方面的基本要求，酒店的客房才具备了与客人进行商品交换的基本条件，客人才会得到最低限度的满足。

3. 客房产品的特点

随着现代旅游业的迅猛发展，旅游酒店市场竞争更加激烈。

酒店的客人对客房环境、客房的设施设备、清洁卫生质量以及服务质量等都提出了更高的要求；同时，客房业务又必须在保证客房规格和满足客人需要的前提下，加强客房费用的控制，这就给客房服务与管理提出了新的课题。因此，要搞好客房部的工作，不仅要了解客房作为商品的基本要求，而且还必须研究客房经营在新形势下的特点。

（1）有形性和无形性。客房产品是由客房、客房用品、客房服务等形态组合而成的，具有有形性和无形性的特点。有形性体现在客房产品是以客房实物为基础的；无形性体现在客房产品是通过服务员的服务得到体现的，客人在选择酒店和餐厅时，往往只以其所知道的该酒店的声誉为选择标准。

（2）价值不能储存。一般产品都是可以储存的，客房产品却是不可储存的，没有客人的消费，客房的使用价值和价值就无法实现。客房产品的时间性很强，以每晚租金160元的酒店房间为例，如果全天此房间租不出去，那么，这160元的价值就无法实现。也就是说，它的价值具有不可储存性。价值实现的机会如果在规定的时间内丧失，便一去不复返。所以，酒店业的行家把客房比喻为"易坏性最大的商品""只有24小时寿命的商品"。这就是为什么酒店业普遍以"顾客第一"为经营信条，并在经营时，有时甚至以低于成本的价格销售商品而不愿设施设备闲置的根本原因。

（3）所有权不发生转移。客房商品的特殊性，主要表现在它是出租客房和提供服务，而不发生实物转移。客人付出房租而获得的仅仅是房间暂时的使用权和居住权，而房间的所有权仍然归酒店。客房运转过程中，服务人员一方面要尊重客人的使用权和居住权，以设备、供应物品为凭借，通过接待服务，不断地向客人提供使用价值和服务；另一方面要做好对客房物资用品的保管和使用过程的控制，以达到增收节支的目的。

（4）以"暗"的服务为主。在酒店里，客人看得见的服务为

"明",看不见的服务为"暗"。

客房作为客人休息、睡眠的区域,酒店必须为客人创造一个安静的环境;同时客房作为客人的私人领域,客人们不愿让别人干扰自己的私生活。客人住店期间,喜欢按自己的习惯安排起居,出于无奈才求助酒店的服务员。因此,客房服务不能像餐饮服务那样,注重场面的渲染,忙碌于客人左右,而是应该注意服务过程的"三轻",将服务工作做在客人到来之前或不在房内期间,让客人感到酒店处处都在为自己服务却又看不见服务(即"暗"的服务)的场面,如同在自己家里一样方便、称心。

(5)随机性与复杂性。客房业务工作的内容是零星琐碎的,从客房的整理、补充物品、设备维修到客人的进店、离店,都是一些具体琐碎的事务性工作,具有很强的随机性。客人在何时何地、在什么情况下,需要哪些服务,事先都难以掌握;再加上客人来自世界各地,风俗和兴趣爱好不一,从而使客房业务增加了复杂性。客房工作的随机性与复杂性,需要客房员工既要主动,又要善于揣摩客人心理,进行规范性和个性化相结合的服务。客房服务的好坏取决于服务人员的素质和经验。

4. 客房服务的特点

客房服务是服务员以客房设施设备及用品为物质基础,向宾客提供各种服务来体现客房价值的一种方式。客房服务包括客房清扫服务、日常对客服务及其他特殊服务。一般来说,客房服务有以下几个特点:

(1)服务对象多样性。入住酒店的宾客来自于五湖四海,不同文化背景、不同风俗习惯的宾客,对于客房服务来说既具有共性,又具有特性。酒店宾客的多样化导致客房服务工作非常繁杂。

(2)服务工作随机性。客房服务项目繁多,工作琐碎。宾客对服务的需求并不是固定的,因此,使得客房服务工作的随机性加大。服务人员在提供服务的时候要根据宾客的需要进行,既不要提前服务,导致干扰宾客;也不可滞后服务,让宾客产生不满。

(3) 服务效果难以衡量性。客房服务是以有形物品为基础，提供无形服务的一种方式。客房服务效果主要以宾客的满意度为依据。而宾客的满意度实际上是宾客消费客房产品的一种心理体验，无法量化。不同的客人对服务有不同的期待，对同一服务也会有不同的感受和评价，即使同一客人对同一服务在不同的时间、场合和不同的心情下，也会做出不同的评价。因此，客房服务是一种"没有最好，只有更好"的服务。

(4) 服务工作不可挽回性。客房产品的不可储存性决定了客房产品的生产和销售是同时进行的，客房服务员在推销客房产品时，也正是宾客消费客房产品的时候。服务的任何环节出了问题都不可挽回，任何细小的失误都会给客人留下不好的印象。因此，客房服务一定要认真细致，力求一次做好。

5. 客房服务的基本要求

(1) 真诚。真诚是指客房服务员在提供服务的时候要发自内心，真正为客人着想，热情、主动、耐心、细致，使客人感到温暖。真诚是客房服务员最基本的服务态度，只有真诚待客，才能够为宾客提供热情的服务。

(2) 高效。缺乏效率的服务往往是低质的，常常会导致宾客的投诉。因此，在宾客提出服务要求的时候，客房服务人员应该快速而准确地提供宾客要求的服务，不能故意拖延，引起宾客的不满。

(3) 礼貌。礼貌是服务人员应该保持的服务态度，也是服务质量的重要体现。没有礼貌的服务员，是不可能提供令宾客满意的服务的。客房服务员在语言上要文明，举止上要彬彬有礼。

(4) 微笑。微笑是礼貌、礼节的基本要求，也是真诚服务的外在体现，是提高服务质量的重要标志。微笑服务不仅能够让宾客获得心理上的满足，而且能够让宾客对服务员的工作报以理解，避免许多服务问题的产生。

三、客房部的地位及任务

1. 客房部的地位

客房部是酒店的主体和存在的基础,在酒店中占有重要地位。客房是宾客在酒店中逗留时间最长的地方,宾客对客房更有"家"的感觉。因此,客房的清洁卫生是否到位,装饰布置是否美观宜人,设备与物品是否齐全完好,服务人员的服务态度是否热情周到,服务项目是否周全丰富等,宾客都会有最敏锐的感受,客房服务质量的高低是宾客衡量"价"与"值"相符与否的主要依据。

(1) 客房是酒店的基本设施,是酒店存在的基础。向宾客提供食宿是酒店的基本功能,而客房便是住店宾客购买的最大、最主要的产品。没有了客房,实际意义上的酒店就将不复存在。

按客房和餐厅的一般比例,在酒店建筑面积中,客房占70%~80%;酒店的固定资产也绝大部分在客房,客户是酒店经营活动所必需的基本设施和存在基础。

(2) 客房部的服务与管理水平影响酒店的声誉及客房出租率。宾客在酒店居留期间,客房是停留时间最长的场所。酒店公共区域的卫生工作一般也由客房部承担,对宾客的影响较大。所以,客房的设施等级以及客房部的服务管理水平往往成为宾客评价酒店和决定是否再次光顾的主要因素。

(3) 客房部是酒店降低物资消耗、节约成本的重要部门。客房商品的生产成本在整个酒店成本中占据较大比重,其能源(水、电)的消耗及低值易耗品、各类物料用品等日常消费较大。因此,客房部是否重视开源节流,是否加强成本管理、建立部门经济责任制,对整个酒店能否降低成本消耗、获得良好收益起到至关重要的作用。

(4) 客房收入是酒店经济收入和利润的重要来源。酒店的经济收入主要来源于客房收入、饮食收入和综合服务设施收入三部分。其中,客房收入是酒店收入的主要来源,一般占酒店总收入的50%左右，而且客房收入较其他部门收入要稳定。并且因客房经营成本比饮食部、商场部等都小，所以，其利润是酒店利润的主要来源。

（5）客房是带动酒店一切经济活动的枢纽。酒店作为一种现代化的综合设施，是为宾客提供综合服务的场所，只有在客房入住率较高的情况下，酒店的综合设施才能发挥作用，组织机构才能运转，才能带动整个酒店的经营管理。客人住进客房，要到前台办入住手续、交房租；要到餐饮部用餐、宴请；要到商务中心进行商务活动；还要健身、购物、娱乐，因而客房服务带动了酒店的各项综合服务设施的运转。

2. 客房部的业务特点

（1）经营过程兼具生产性和服务性。客房管理过程是客房通过员工付出劳动而为客人提供优质服务的过程。因此，从增加资本、创造价值的角度来看，客房服务和劳动本身是生产性劳动。从客房服务过程看，是员工利用客房的设备和生活用品等物质要素，不断向客人提供使用价值和劳动的过程，是生产过程和服务过程的统一。

（2）服务兼具随机性和复杂性。客房是客人休息、工作、会客、娱乐、存放行李物品及清理个人卫生的场所。不同客人的身份地位不同、生活卫生习惯各异、文化修养与个人爱好兴趣也有差别，客人对客房服务要求也是多方面的，酒店很难预测客人会在何时需要提供何种服务，这就使得客房部的业务具有很强的随机性。

客房部的业务范围较广，除了客房业务之外，一般还有公共区域（PA）清洁、绿化及布件洗涤、发放等工作。客房业务包括员工整个服务活动的组织及工作程序安排和设备保养、客房用餐等项目的实施，业务工作琐碎复杂，而且这些业务工作内容彼此之间互相联系，互相影响，使客房业务呈现复杂的特性。

（3）对私密性与安全性要求高。客房是客人在酒店的私人领域，因此客房业务对私密性与安全性的要求很高。服务员未经客人允许不可以随意进入客房，要做到尽量少打扰客人。服务员在客房内不能随意移动、翻看客人物品，必须尊重客人的隐私权。

安全是宾客进行旅游和商务活动的前提条件，是宾客最基本的要求。每一个酒店都必须保证客人的安全，为宾客提供安全舒适的私密空间。

3. 客房部的主要任务

（1）保持房间干净、整洁、舒适，保证客房的产品质量，为宾客提供标准化、个性化的服务，使宾客产生宾至如归的感觉。

（2）确保客房设施设备处于良好的工作状态，负责酒店所有布件及员工制服的保管和洗涤工作，在为宾客提供高质量的设施设备的同时，最大限度地节约设施设备及客用品的损坏与损耗。

（3）提高工作效率，为其他部门提供相关的经营信息，促进酒店各部门的协调发展。

（4）保障酒店及客人生命财产的安全，创建与维护酒店的形象与名誉，促进酒店的发展。

四、客房部的组织机构及岗位设置

客房部是酒店的主要业务经营部门，客房部具备科学、合理的组织结构才能顺利开展各项工作。客房部是一个组织，作为组织就要有一个正规的机构。组织机构的作用是规定组织内部的信息传递渠道，明确各岗位的职责与权限以及各组成部分之间的关系。设置客房部的组织机构及工作岗位时，要以酒店的管理系统及运行模式为指导，遵循组织管理的基本原理，适应酒店的发展变化，力求科学合理。根据酒店的现状与发展趋势，客房部的组织机构及岗位设置应尽量压缩和精简，扁平化和小型化最有效率和活力。

1. 客房部的组织机构

客房部的组织机构没有统一的模式和固定的形态，各酒店要根据自身的类型与规模和客观条件，以及经营指导思想等主观因素进行设计，还要随着酒店的发展变化及时地做出调整。根据我国旅游酒店的普遍做法，一般把客房部的组织机构形态综合分为大中型和小型两类。

（1）大中型酒店的客房部组织机构（见图11—1）。在大中型酒店里，客房部的责任范围较大，管辖的区域往往也较多，因此，这类酒店客房部组织机构的规模也就比较大，其分支机构和机构层次较多，工种齐全、分工细致、职责明确。大中型酒店客房部一般设有楼层、公共区域和洗衣房三个基本部分，有的还将客房服务中心和布件房单列，从而分为五个部分。在层次上，客房部通常有经理、主管、领班和普通员工等四个层次，有些酒店在客房部只设经理、主管和普通员工三个层次。

（2）与大中型酒店相比，小型酒店的规模小，配套的附属设施设备较少，其组织机构设置（见图11—2）比较精简。因此，在小型酒店里，往往不单设客房部，而是将客房部与前厅部合并为房务部，即将客房部作为房务部的一部分。即使将客房部单设，其分支机构、工种岗位和机构层次也比较少。因为小型酒店的业务量不大，只要做好部门内部或部门之间的分工与协调，与社会上的相关单位或行业建立并保持良好的协作关系，也能够保证酒店的正常运行和管理。例如，小型酒店的客房部一般不设客房服务中心和洗衣房，客房对客服务电话的接转可由总台接待人员负责，酒店的布件洗涤与供应可由协作酒店或社会上的专业公司承接。另外，客房部内部的相关岗位之间可以分工不分家，一专多能，便于统一调配。

2. 客房部主要岗位的岗位职责

（1）客房部经理的岗位职责

①根据酒店的经营方针和政策以及总经理下达的任务和目的，制订客房部的工作计划并负责实施。

②负责制定本部门的岗位职责、规章制度和工作程序并适时评估与修改完善。

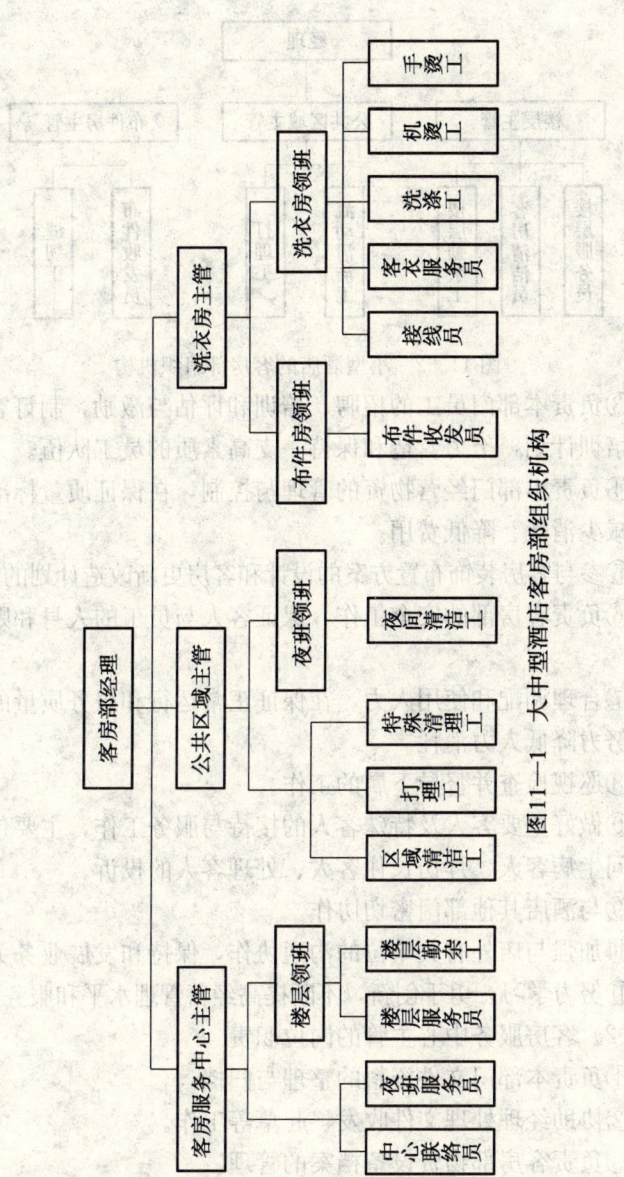

图 11—1 大中型酒店客房部组织机构

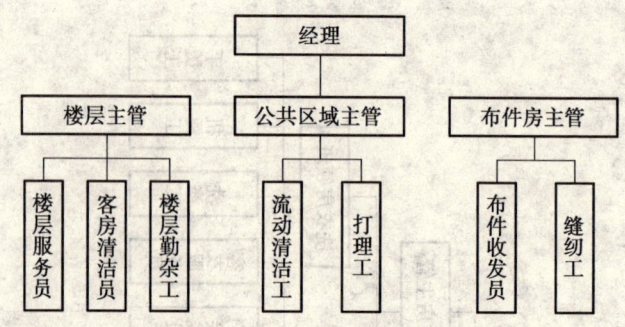

图 11—2 小型酒店的客房部组织机构

③负责本部门员工的招聘、培训和评估与激励,制订客房部年度培训计划,努力营造和保持一支高素质的员工队伍。

④负责本部门经营物资的管理与控制,在保证质量标准的前提下减少消耗、降低费用。

⑤参与客房装饰布置方案的设计和客房更新改造计划的制订。

⑥负责客房部的安全工作,保证客人与员工的人身和财产安全。

⑦合理调配和使用人力,在保证正常运行和服务质量的前提下,努力降低人力消耗。

⑧巡视检查并督导下属的工作。

⑨做好重要客人及特殊客人的接待与服务工作,主要包括看望慰问生病客人、拜访长住客人、处理客人的投诉。

⑨与酒店其他部门密切协作。

⑩加强与店外有关单位的沟通协作,保持和发展业务关系。

⑪努力学习,勇于创新,不断提高经营管理水平和服务质量。

(2) 客房服务中心主管的岗位职责

①负责本部门文件资料的整理与归档。

②协助经理处理文件收发、起草等工作。

③负责客房部物资设备档案的管理。

④负责客房中心库房的管理工作,确保客房部经营物资的正

· 146 ·

常供应，并对部门物资的消耗进行统计和分析，协助经理控制物资的消耗。

⑤负责全酒店遗留物品的管理工作。

⑥负责下属的排班，并对其进行培训与考核。

⑦检查督导下属的工作。

⑧领发本部门员工餐券及劳保福利用品。

⑨负责客房部维修项目的申报与跟踪落实。

⑩协助和配合经理及其他管理人员分配任务、调配人力等。

⑪完成上级安排的其他工作。

⑫不断学习，经常提出合理化建议。

（3）楼层主管的岗位职责

①负责所管楼层的人员调配和工作安排。

②对下属员工进行培训和考核。

③检查督导下属员工的工作，确保工作效率和质量。

④解决员工工作中遇到的疑难问题。

⑤处理客人的投诉。

⑥负责楼层物资的管理与控制。

⑦负责楼层与相关部门的沟通与协调。

⑧负责楼层的安全。

⑨完成上级安排的其他工作。

（4）客房服务员的岗位职责

①负责客房的日常清扫整理。

②负责客房杯具的更换和清洗消毒。

③为住客提供整理房间、填补用品、擦鞋洗衣、租借物品、访客接待等各项服务。

④根据接待规格和客人要求设计布置客房，并提供针对性、个性化、特色化服务。

⑤熟悉客房状况，掌握客人动态。

⑥负责房间小酒吧的管理。

⑦负责楼层物资的管理，合理控制物资消耗。
⑧检查报告楼层的待修项目。
⑨协助配合其他部门人员在楼层的工作。
⑩承担楼层工作间和走廊、电梯间等处的清洁整理工作。
⑪做好楼层的安全保卫工作。
⑫完成主管安排的其他工作。
（5）客房楼层勤杂工的岗位职责
①搬运垃圾、布件以及家具设备。
②补充楼层用品。
③协助客房服务员做好清洁保养等工作。
④完成主管安排的其他工作。
（6）公共区域清洁工的岗位职责
①按规定程序和要求对所管区域进行常规性的清洁保养，达到标准。
②检查所管区域的设备设施是否正常完好，发现问题及时报告。
③正确使用和妥善保管器具用品。
④回答客人的询问，并积极地向客人介绍酒店的服务设施和服务项目。
⑤服从上级的调配，完成上级安排的其他工作。

模块二　客房的种类和等级标准、员工必备素质和要求

一、客房的种类、价格及等级标准

客房是酒店的重要设施。酒店要适应不同类型和档次客人的需求，同时要考虑酒店的类型和所处的地理位置，设计和布置相应类型和档次的客房。

1. 客房的种类

(1) 单人间（Single room）。单人间是放一张单人床的客房。单人间又可叫单人房，适于单身客人住用，是酒店中最小的客房。为了使客人得到更好的享受，有的酒店在单人房中放置了一张小双人床。酒店单人房数量一般不多，且常常把面积较小或位置偏僻的房间作为单人房。但由于这种客房的隐私性强，近年来颇受单身旅游者的青睐，不少酒店不仅增加了此类房间的数量，而且在面积和装饰布置的档次上也有所提高，摆脱了传统的单人间仅仅是经济房间的概念。

根据酒店客房的不同设施，单人间可分为无浴室单人间、带淋浴单人间和带浴室单人间三种。

(2) 大床间（Double room）。在房内配备一张双人床（见图11—3）。这种房间适合夫妻旅游者居住，也适合单身客人居住。

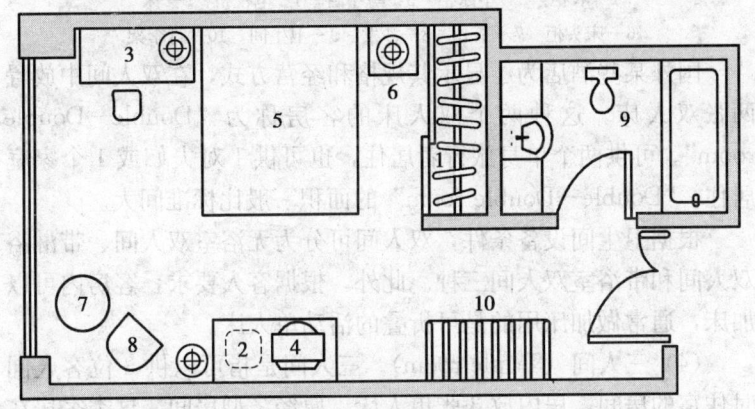

图11—3　大床间客房平面图
1—衣柜　2—小冰柜　3—写字台　4—电视机　5—床
6—床头柜　7—茶几　8—沙发　9—卫生间　10—行李架

(3) 双人间（Twin room）。在房内放两张单人床（见图11—4），可住两位客人，也可供一人居住。带卫生间的双人间，称为标准间，一般用来安排旅游团队或会议客人。这类客房在酒店占绝大多数。为了出租和方便客人,有的酒店配备了单双两便床。在大床间供不应求时,可将两床合为大床,作为大床间出租。

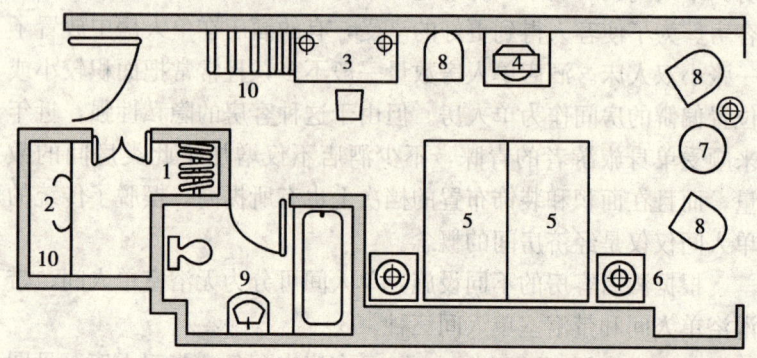

图 11—4　标准间客房平面图
1—衣柜　2—小冰柜　3—写字台　4—电视机　5—床
6—床头柜　7—茶几　8—沙发　9—卫生间　10—行李架

国外某些酒店为了显示其规格和经营方式,在双人间中放置两张双人床。这种两个双人床的客房称为"Double—Double room"。可供两个单身旅行者居住,也可供 1 对夫妇或 1 个家庭居住。"Double—Double room"的面积一般比标准间大。

根据卫生间设备条件,双人间可分为无浴室双人间、带淋浴双人间和带浴室双人间三种。此外,根据客人要求,客房内可以加床,通常做加床用的是可折叠的活动单人床。

(4) 三人间(Triple room)。三人间是指可以供 3 位客人同时住宿的房间。房内放 3 张单人床,属经济型房间。这类客房在酒店,特别是高档酒店很少见。当客人需要 3 人同住一个房间时,往往采用在双人间中加 1 张折叠床的方式来解决。

此外,还有同时供 3 人以上居住的房间,房内放置多张单人床。此类房间多见于一般的旅馆或招待所,我国旅游涉外酒店不设置这类客房。

(5) 标准套间(Standard suite)。标准套间(见图 11—5)

又称普通套间,一般为连通的两个房间:一间为卧室,另一间为起居室,即会客室。卧室中放一张大床或两张单人床,配有卫生间。起居室也可设盥洗室,可不设浴缸,一般供拜访住客的客人使用。

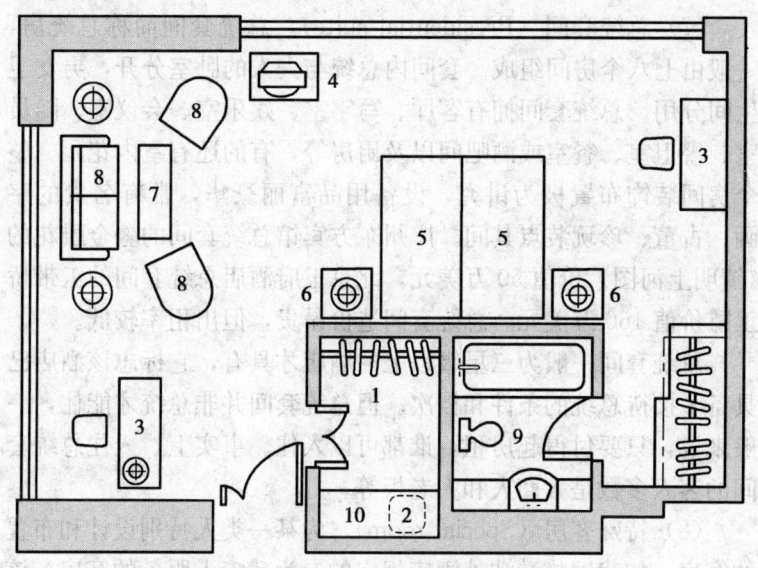

图 11—5　标准套间客房平面图
1—衣柜　2—小冰柜　3—写字台　4—电视机　5—床
6—床头柜　7—茶几　8—沙发　9—卫生间　10—行李架

套间可用固定的分室隔离墙隔离,也可用活动隔离墙隔离。起居室在下,卧室在上,两者用楼梯连接的套间称为双层楼间。而连接套房,即连通房,是指两个独立的双人间,中间用双扇门相通,一间布置成卧室,另一间布置成起居室,可作为套间出租。需要时,仍可作为两间独立的双人间出租。但这种连通房中间的双扇门上均需安装门锁。关上时应具有密闭的效果和良好的隔音性能。

(6) 豪华套间 (Deluxe suite)。豪华套间可以是双套间,也可以是三套间,分为卧室、起居室、餐室或会议室(也可兼作)。

卧室中配备大号双人床或特大号双人床。室内注重装饰布置和设备用品的华丽高雅。此外，还有由三至五间或更多房间组成的多套间。有两个各带卫生间的卧室，以及会客室、餐厅、书房及厨房等，卧室内设特大号双人床。

（7）总统套间（Presidential suite）。总统套间简称总统房，一般由七八个房间组成。套间内总统与夫人的卧室分开，男女卫生间分用。总统套间拥有客厅、写字室、娱乐室、会议室、随员室、警卫室、餐室或酒吧间以及厨房等，有的还有室内花园。整个房间装饰布置极为讲究，设备用品富丽豪华，常有名贵的字画、古董、珍玩装点其间。广州东方宾馆总统套间的鎏金雕花《清明上河图》价值50万美元，北京王府酒店总统套间的玉带桥玉雕价值160万美元。总统套间造价昂贵，但出租率较低。

总统套间一般为三星级以上的酒店才具有，它标志该酒店已具备了接待总统的条件和档次。但总统套间并非总统才能住，一般来说，只要付得起房租，谁都可以入住。事实上，入住总统套间的客人多数是大商人和大老板等。

（8）特殊客房（Special room）。为某一类人特别设计和布置的客房。如我国旅游涉外酒店规定的专为残疾人服务的客房，该房间内配置有能满足残疾人生活起居一般要求的特殊设备和用品。

2. 客房的价格

（1）房价的种类

①标准价（Pack Rate）。标准价也称为门市价或散客价，即在酒店价目表上明码公布的各类客房的现行价格。此种价格未含任何服务费或折扣等因素。

②优惠价或商务合同价（Commercial Rate）。酒店与客源输送单位签订房价合约，按合约的规定给予来自签约单位客人的优惠价格，以求双方合作。该优惠价主要视其提供的客源量或在店消费量的多少而确定。

③团队价（Group Rate）。酒店为吸引大批团队客人以保证基本客源而制定的折扣价格，其目的在于大量销售客房。

④小包价（Package Plan Rate）。酒店提供的综合报价，其中包括房费、餐费、交通费、游览费等，以方便客人。

⑤折扣价（Discount Rate）。酒店向常客（Regular Guest）、长住客（Long Guest）或其他有特殊身份的客人提供的优惠房价。

⑥家庭租用价（Family Plan Rate）。酒店为携带孩子的父母住店提供的折扣价格以刺激其他消费。

⑦免费（Complimentary Rate）。酒店在互惠互利的原则下，免收住房费。免收住房费应有一套完整的审批手续。

⑧淡季价（Off-Season Rate）。酒店在营业淡季，为了经营和吸引客人而采用的价格。通常，在标准价的基础上，下浮一定的百分比。

⑨旺季价（On-Season Rate）。酒店在营业旺季，为最大限度提高客房经济效益而采用的价格。一般在标准价的基础上，上浮一定的百分比。

⑩白天租用价（Daytime Rate）。酒店向客人收取白天租用客房的价格，通常应用于下列三种情况：一是凌晨抵店入住；二是离店超过了酒店规定的时间；三是入住与退房发生在同一天。白天租用价，大部分酒店按半天房费收取，也有酒店按小时收取。

⑪另加床费（Rate For Extra Bed）。指酒店收取的加床费用。

(2) 酒店的计价方式

根据旅行社或其他公司的要求和国际惯例，酒店的计价方式通常有下列五种：

①欧式计价（European Plan，简称 EP）。只计房租，不包括餐饮费用。

②美式计价（American Plan，简称 AP）。计算房租并包括三餐费在内。

③修正美式计价（Modified American Plan，简称 MP）。计算房租且包括两餐费（早餐和午餐或晚餐中任选其一）。

④欧陆式计价（Continental Plan，简称 CP）。计算房租且包括欧式早餐费。

⑤百慕大计价（Bermuda Plan，简称 BP）。计算房租，包括美式早餐费。

（3）房租的计算方法：

①一天房租。指下午 18:00 后入住至第二天 12:00 前退房，计收 1 天房租。

②半天房租。指下午 18:00 后入住到第二天下午 18:00 以前退房，增收半天房租。

③服务费。按房租的 10%～15%加收服务费。

④其他。有时会出现这样的情况：虽已超过中午 12:00 办理退房手续的时限，但客人仍然使用着客房，而下一位已预订了此房间的客人却不能入住。一些酒店对超过办理退房手续时限的房租的加收费用规定如下：3 小时以内加收 1 天房费的 1/3；6 小时以内加收 1 天房费的 1/2；超过 6 小时则加收 1 天的房费。因为超过 6 小时后，再把客房重新租给别的客人的可能性很小。

（4）平均房价的计算

平均房价反映了每间客房每天的平均收入。该统计数字的使用频率仅次于客房出租率。由于客房营业收入高低与出租的客房价格及其数量有关，故平均房价对酒店的经营决策有着很重要的参考价值。平均房价的计算公式为：

平均房价＝客房营业收入÷已出租的客房数

由上式可见，平均房价的高低受到众多因素的影响，其中包括客源类型、所出租的客房等级、免费、折扣、双人用房率以及超时离店的房费收取等。

3. 客房的等级标准

(1) 一星级酒店客房标准

①至少有 20 间（套）可供出租的客房。

②装修良好，有软垫床、桌椅、床头柜等配套家具。

③至少 75% 的客房有卫生间，装有抽水恭桶、面盆、淋浴或浴缸，配有浴帘。客房中没有卫生间的楼层设有间隔式的公用卫生间。酒店有专供客人使用的男女分设公共浴室，配有浴帘。采取有效的防滑措施。24 小时供应冷水，16 小时供应热水。

④有遮光窗帘。

⑤客房备有酒店服务指南、价目表、住宿规章。

⑥客房、卫生间每天全面整理 1 次，隔日更换床单及枕套。

⑦16 小时提供冷热饮用水。

(2) 二星级酒店客房标准

①至少有 20 间（套）可供出租的客房。

②装修良好，有软垫床、桌、椅、床头柜等配套家具，照明充足。

③有卫生间，装有抽水恭桶、面盆、梳妆镜、沐浴或浴缸，配有浴帘。采取有效的防滑措施，24 小时供应冷水，18 小时供应热水。

④有电话，可通过总机拨通国内与国际长途电话，电话机旁备有使用说明。

⑤有彩色电视机。

⑥具备防噪声及隔音措施。

⑦有遮光窗帘。

⑧有与酒店本身星级相适应的文具用品。有酒店服务指南、价目表、住宿规章、本市交通图和旅游景点介绍。

⑨客房、卫生间每天全面整理 1 次，每日更换床单及枕套。

⑩24 小时提供热饮用水。

⑪提供一般洗衣服务。

⑫应客人要求提供送餐服务。
(3) 三星级酒店客房标准
①至少有 40 间（套）可供出租的客房。
②房间面积宽敞。
③装修良好、美观，有软垫床、梳妆台或写字台、衣橱及衣架、座椅或简易沙发、床头柜、床头灯及行李架等配套家具。室内铺满地毯，或为木地板。室内采用区域照明且目的物照明度良好。
④有卫生间，装有抽水恭桶、梳妆台（配备面盆、梳妆镜）、浴缸并带淋浴喷头（有单独淋浴间的可不带淋浴喷头），配有浴帘、晾衣绳。采取有效的防滑措施。卫生间采用较高级建筑材料装修地面、墙面，色调柔和，目的物照明度良好。有良好的排风系统或排风器、110/220 伏电源插座。24 小时供应冷、热水。
⑤有可直接拨通国内和国际长途的电话。电话机旁备有使用说明及市内电话簿。
⑥有彩色电视机、音响设备，并有卫星电视节目或闭路电视演播，备有频道指示说明和节目单。播放内容符合中国政府规定。闭路电视至少有两个频道，每日不少于两次播放，晚间结束播放时间不早于 24:00。
⑦具备有效的防噪声及隔音措施。
⑧有遮光窗帘。
⑨有单人间和套房。
⑩有残疾人客房。该房内设备能满足残疾人生活起居的一般要求。
⑪有与酒店本身星级相应的文具用品。有酒店服务指南、价目表、住宿规章、本市旅游景点介绍、本市旅游交通图和与住店客人相适应的报刊。
⑫客房、卫生间每天全面整理 1 次，每日更换床单及枕套，客用品和消耗品补充齐全。

⑬提供开夜床服务，放置晚安卡。

⑭24 小时提供冷、热饮用水及冰块，并免费提供茶叶或咖啡。

⑮客房内一般要有微型酒吧（包括小冰箱），提供适量饮料，并在适当位置放置烈性酒。

备有饮酒器具和酒单。

⑯客人在房间会客，可应要求提供增加座椅和茶水服务。

⑰提供叫醒服务。

⑱提供留言服务。

⑲提供衣装干洗、湿洗和熨烫服务。

⑳18 小时提供中西式早餐或便餐送餐服务，有可挂置门外的送餐牌。提供擦鞋服务。

(4) 四星级酒店客房标准

①至少有 40 间（套）可供出租的客房。

②70％客房的面积（不含卫生间）不小于 20 平方米。

③装修豪华，有豪华的软垫床、写字台、衣橱及衣架、茶几、座椅或简易沙发、床头柜、床头灯、台灯、落地灯、全身镜、行李架等高级配套家具。室内满铺高级地毯，或为优质木地板等。采用区域照明且目的物照明度好。

④有卫生间，装有高级抽水恭桶、梳妆台（配备面盆、梳妆镜）、浴缸并带淋浴喷头（有单独淋浴间的可以不带淋浴喷头），配有浴帘、晾衣绳。采取有效的防滑措施。卫生间采用豪华建筑材料装修地面、墙面，色调高雅柔和，采用分区照明且目的物照明度良好。有良好的排风系统、110/220 伏电源插座、电话副机。配有吹风机。24 小时供应冷、热水。

⑤可直接拨通国内和国际长途电话。电话机旁备有使用说明及市内电话簿。

⑥有彩色电视机、音响设备，并有闭路电视演播系统，播放频道不少于 16 个，其中有卫星电视节目或自办节目，备有频道

指示说明和节目单。播放内容符合中国政府规定。自办节目至少有两个频道,每日不少于两次播放,晚间结束播放时间不得早于凌晨01:00。

⑦具备十分有效的防噪声及隔音措施。

⑧有内窗帘及外层遮光窗帘。

⑨有单人间、套房和至少有3个房间的豪华套房。

⑩有残疾人客房,该房间内设备能满足残疾人生活起居的一般要求。

⑪有与酒店本身星级相适应的文具用品。有酒店服务指南、价目表、住宿规章、本市旅游景点介绍、本市旅游交通图和与住店客人相适应的报刊。

⑫客房、卫生间每天全面整理1次,每日更换床单及枕套,客用品和消耗品补充齐全,并应客人要求随时进房清扫整理,补充客用品和消耗品。

⑬提供开夜床服务,放置晚安卡、鲜花或赠品。

⑭24小时提供冷、热饮用水及冰块,并免费提供茶叶或咖啡。

⑮客房内设微型酒吧(包括小冰箱),提供充足饮料,并在适当位置放置烈性酒,备有饮酒器具和酒单。

⑯客人在房间会客,可应要求提供增加座椅和茶水服务。

⑰提供叫醒服务和留言服务。

⑱24小时提供衣装干洗、湿洗、熨烫及修补服务。并在24小时内交还客人。16小时提供加急服务。

⑲有送餐菜单和饮料单,24小时提供中西式早餐、正餐送餐服务。送餐菜式品种不少于10种,饮料品种不少于8种,甜食品种不少于6种,有可挂置门外的送餐牌。

⑳提供擦鞋服务。

(5)五星级酒店客房标准

①至少有40间(套)可供出租的客房。

②70%客房的面积（不含卫生间和走廊）不小于20平方米。

③装修豪华，有豪华的软垫床、写字台、衣橱及衣架、茶几、座椅或简易沙发、床头柜、床头灯、台灯、落地灯、全身镜、行李架等高级配套家具。室内满铺高级地毯，或为优质木地板等。采用区域照明且目的物照明度良好。

④有卫生间，装有高级抽水恭桶、梳妆台（配备面盆、梳妆镜）、浴缸并带淋浴喷头（有单独淋浴间的可以不带淋浴喷头），配有浴帘、晾衣绳。采取有效的防滑措施。卫生间采用豪华建筑材料装修地面墙面，色调高雅柔和，采用分区照明且目的物照明度良好。有良好的排风系统、110/220伏电源插座、电话副机。配有吹风机和体重秤。24小时供应冷、热水。

⑤有可直接拨通国内和国际长途电话。电话机旁备有使用说明及市内电话簿。

⑥有彩色电视机、音响设备，并有闭路电视节目或自办节目演播系统，播放频道不少于16个，其中有卫星电视节目或自办节目，备有频道指示说明和节目单。播放内容应符合中国政府规定。自办节目至少有两个频道，每日不少于两次播放，晚间结束播放时间不早于凌晨01:00。

⑦具备十分有效的防噪声及隔音措施。

⑧有内窗帘及外层遮光窗帘。

⑨有单人间、套房和至少有5个房间的豪华套房。

⑩有残疾人客房，房间内设备能满足残疾人生活起居的一般要求。

⑪有与酒店本身星级相适应的文具用品，有酒店服务指南、价目表、住宿规章、本市旅游景点介绍、本市旅游交通图和与住店客人相适应的报刊。

⑫客房、卫生间每天全面整理1次，每日更换床单及枕套，客用品和消耗品补充齐全，并应客人要求随时进房清扫整理，补充客用品和消耗品。

⑬提供开夜床服务，放置晚安卡、鲜花或赠品。

⑭24小时提供冷、热饮用水及冰块，并免费提供茶叶或咖啡。

⑮客房内设微型酒吧（包括小冰箱），提供充足饮料并在适当位置放置烈性酒，备有饮酒器具和酒单。

⑯客人在房间会客，可应要求提供增加座椅和茶水服务。

⑰提供叫醒服务和留言服务。

⑱提供衣装干洗、湿洗、熨烫及修补服务，并在24小时内交还客人。18小时提供加急服务。

⑲有送餐菜单和饮料单，24小时提供中西式早餐、正餐送餐服务。送餐菜式品种不少于10种，饮料品种不少于8种，甜食品种不少于6种，有可挂置门外的送餐牌。

⑳提供擦鞋服务。

（6）三至五星级酒店其他服务项目

①客房内可通过设备提供账单等可视性查询服务，提供语音信箱服务。

②卫生间有饮用水系统。

③不少于50%的客房卫生间淋浴与浴缸分设。

④不少于50%的客房卫生间干湿区分开（有独立的化妆间）。

⑤所有套房分设供主人和来访客人使用的卫生间。

⑥设商务楼层，可在楼层办理入住登记及离店手续，楼层有供客人使用的商务中心及休息场所。

⑦商务楼层的客房内有收发传真或电子邮件设备。

⑧为客人提供免费店内无线寻呼服务。

⑨24小时提供洗衣加急服务。

⑩委托代办服务（金钥匙服务）。

二、客房的功能及设备用品配置

1. 客房的功能设计

客房是客人在酒店逗留期间的主要生活场所，这就要求酒店要合理地设计客房的布局并配备相应的家具和设备，使客房具备能满足客人生活的各种功能。下面以标准间为例说明。

(1) 睡眠空间

①床。睡眠空间是客房最基本的空间，其中最主要的家具是床。我国旅游涉外酒店所用的床都是由床架、床垫和床头软板组合成的。床的质量要求是重量轻、牢度好，弹簧床垫（席梦思）软硬度适宜；床架底部有轮子和定向轮，可以方便移动，以及有优美的造型。有的酒店为增加床的美观还专门配置了床裙。

②床头柜。床头柜是客房中必不可少的家具之一。床头柜可分为单人用床头柜和两人共用床头柜。传统的床头柜，只是作为客人摆放书籍及小物品的家具，而现代酒店的床头柜的功能则可满足客人在睡眠期间各种基本需要：上面放有一部电话、便纸条和一支削好的铅笔，为客人通信联络提供便利。有的酒店还在床头柜上放上晚安卡和常用电话号码卡。

床头柜配有音响设备，供客人收听有关节目及欣赏音乐。并带有各种开关和按钮，如电视机、地灯、床头灯、房间灯、中央空调、请勿打扰的开关、时钟以及呼唤服务员的按钮等。不过有的西方客人，特别是老年人，感到在晚间对床头柜繁多的开关和按钮识别困难。为了解决这个问题，不少酒店已开始采用分区照明控制和在床头设置总开关控制的电气设备，既显示了客房的豪华程度，又给客人带来了方便。

床头柜的长度为60厘米左右。过小，会使两床之间的距离过短，给客人的活动带来不便。床头柜的高度必须与床的高度相匹配，通常为50～70厘米，以便人躺在床上，眼睛能平视床头柜上的平面。床头柜的宽度，单人用的为37～45厘米，双床间两人用的床头柜为60厘米。

(2) 盥洗空间。盥洗空间即浴室，又称卫生间。相邻的客房卫生间一般是"背靠背"设置，目的是使相邻房间的两个卫生间可以共用一个排（供）水道，节省建设资金。客房内部的卫生间墙壁部分起到屏风的作用，可以遮挡住摆放在浴室隔壁卧室的睡床。卫生间的设计要注意宽敞、明亮、舒适、安全、方便、实用和通风。

卫生间的主要卫生设备有浴缸、便器、洗脸盆三大件。

①浴缸。浴缸应带有冷、热水龙头，并装有淋浴喷头——既能固定也可手拿。浴缸底部采用光面和毛面相间的防滑结构。浴帘杆固定在浴缸上方两头，与浴缸外上沿平行。浴巾架固定在浴缸水龙头对面的墙上。另外，还有活动的晒衣绳供客人晾衣物用。

豪华房间的浴缸内还可装上能产生漩涡的装置，也可在卫生间装上带有小型电动蒸汽发生器的桑拿浴和蒸汽浴装置。这些装置通过水流、水蒸气对皮肤的作用增加人体血液循环，具有较好的解乏、保健作用。

②便器。便器分坐式和蹲式两种。一般房间只装坐便器，但高级套房两种都装，并在坐便器旁设有下身冲洗器。

③洗脸盆与云台（洗脸台）。洗脸盆一般镶嵌在由大理石面、人造大理石面或塑料板面等铺设而成的云台里，上装冷、热水龙头各1个，还可装有专供客人冷饮的凉水龙头1个。在墙面配1面大玻璃镜，大镜面里或大镜面侧装有放大镜，以供客人剃须或化妆使用。为了解决因客人沐浴而使镜面蒙上水蒸气，有的酒店还在镜子的背面装有除水雾装置。

云台上可放置各种梳洗、化妆及卫生用品。在云台侧面墙上，设有符合国际标准的电源插座（供客人使用电动剃须刀）。有的还装有吹风机头和电话副机。

云台大小一般无统一规格。但其高度一般为76厘米，这对于标准身高的人来说为最佳高度。

此外，卫生间应有通风换气设备，地面还应有泄水的地漏口。

（3）起居空间。起居空间应在标准间的窗前区。这里放置着软座椅、茶几（或小圆桌），供客人休息、会客、观看电视等。此外还可供客人在此饮茶，吃水果及简便食品。

(4) 书写和梳妆空间。标准间的书写与梳妆空间在床的对面，沿墙设置一长条形的多功能柜桌。一般包括行李架、写字台和电视机柜。

①行李架。所有客房都应设有行李架或行李台。它可以设计成写字、化妆台的延展部分或者作为单独的1件家具。行李架的高度为45厘米、宽65厘米、长75~90厘米。大房间的行李架可大于此，以方便客人放下行李箱和拿取衣物为准。行李架的表面一般都有木条，按一定间距固定在面层，以防止皮箱的金属饰钉损害行李架，同时不能有任何尖锐的东西突出以免损坏客人的皮箱。有的酒店还在行李架上附设有软垫或靠背，当箱件收藏好后，便可以作为座位来使用。

②写字、化妆台。客房使用的写字台和化妆台一般为全木制品。标准间的写字台和化妆台可分开配置或兼作两用，并装有抽屉，可放置文具。它的宽度应与其他家具宽度统一（40~50厘米），高度为70~75厘米。相应的梳妆凳高度为43~45厘米，最小的膝盖上净空为19厘米。

写字化妆合用台所靠的墙面应设有梳妆镜，梳妆镜的高度应能使客人站在写字台前照全头部。为了达到好的化妆效果，上方应装有照明灯以提高亮度。

③电视机柜。电视机柜是每个房间的必备物品，有木质、金属、金属与木料混合结构三种类型。电视机柜上方放电视机，下方柜内往往是放置各种饮料的小冰箱。电视机台上配有可转动的47厘米或51厘米电视机的托盘，一般为圆形或方型，底托的重量越大，其稳定性越强。

电视机架的高度一般为45~47厘米或65~70厘米，正好是人坐在沙发或椅子上时，视线低于或平视电视屏幕的高度，以减轻看电视时眼睛的疲劳，起到保护视力的作用。

(5) 储存空间。储存空间主要是指设在房门进出小过道侧面的壁橱和与其紧靠的小酒柜。

①壁橱。壁橱设在客房入口的小过道内侧，便于客人在离开酒店时检查橱内东西是否取完。壁橱的宽度应不小于 100 厘米，橱门至墙壁的距离不小于 50 厘米。为了方便挂衣，同时又保证长衣服不致触地，挂衣杆高度应为 170 厘米，杆上部应留有 7.5 厘米的空间，以便衣架的移动取挂。橱门可以用推拉门，也可用折叠门。壁橱内应有照明灯。采用随门开关而亮灭的照明灯是节约用电方便客人的一种举措。有的橱内还设有鞋箱、私人保险箱等。

②酒柜。酒柜上层摆放烈性酒、酒具、茶水具以及小吃食品，下层为储存饮料的小冰箱，以满足客人饮用；同时还可留出一定的面积，供客人摆放自己的物品。

(6) 客房内的其他设备

①房门安全装置。客房门上装窥视镜（警眼）和安全链（安全扣）以及双锁。门后张贴安全指示图，标明客人现在所在的位置及安全通道的方向。

②消防装置。房内天花板上设有烟感报警器（烟感）和温感喷淋头（花洒），供报警和自动灭火之用。

③空调。中央空调系统或房间空调器，可调节房内的温度和湿度，并有提供新鲜空气的出风口。

酒店标准间客房必须具备以上功能，才能满足客人住宿的基本要求。而套房则是分别用专设的房间来各司其职，或具某主要功能同时兼顾其他功能，如标准套间是一间做卧室，另一间做起居室。在五间以上的套房里，可分别各司一主要功能，如卧室、卫生间、起居室、书房、餐室等。

2. 客房用品的配备

为了满足客人在客房中生活的需求，酒店在客房中除配备各种家具、设备外，还应配置各种用品，供客人使用。

(1) 客房用品配置的基本要求。客房布置的内容有两大类：一类是客房在生活功能上所必需的家具、设备、用品的布置，兼有装饰客房的作用；另一类是单纯起装饰作用的，如字画、工艺品、鲜花、古玩或复制品等。这两类客房用品的配置遵循以下原则：

①体现客房的礼遇规格。不同酒店的各类客房由于等级、规格、风格不同，房间用品在配置上可根据各自的经营方针及实际需要而增减，但不能违背经营原则和降低客房规定的标准。要从满足客人需要出发，使客房用品的"价"与"值"相符。高档房间应配置高档的用品，低档房间配备相应的用品，这样就能让客人感到酒店对其住店生活的关心和礼遇规格，还能使客人容易接受酒店的房价，有"物有所值"之感。

②广告推销作用。客房用品不仅是供客人使用的，而且还是很好的宣传广告品。客人既是酒店服务的对象，也是义务推销员。酒店应在客房用品上印制酒店的名称、标志及地址、电话等，以加深客人对酒店的印象和了解，起到广告宣传作用。通过他们的广泛传递，招徕更多的客人。

③客房设施设备的配套性。客房设施设备的配套性有两层含义：一是设施设备、用品的外观配套，包括外观、色彩、造型、质地的统一，否则会给人一种东拼西凑之感；二是某一用途的设备用品要自身配套，例如，使用地毯的房间必须配备浴帘和地巾等物品。

一个酒店的设施设备做到配套，有专门的代表标志，便可以在总体上给客人一个清楚明白的暗示作用，有利于保持客房本身独特的品味和档次。

④摆放的协调性。客房的服务设施设备和用品大多是可以移动和变更的，摆放的协调性是指各种设备和用品配套齐全后，应形成一个协调的整体，给客人以舒适和方便感。同一等级、面积和布局的客房的各种设备、用品必须位置固定，同时保持适当的

距离和通道,既照顾客人的活动空间,又方便客人取用和服务员的工作。

（2）客房用品配置规格。客房用品包括一次性消耗用品及多次性消耗用品。一次性消耗用品是指供客人一次性使用消耗或用做馈赠客人而供应的用品,如香皂、信封、明信片、礼品袋、针线包等,也称供应品。多次性消耗用品是指可供多批客人使用,但不能让客人带走的客用品,如烟灰缸、酒具等,也称客房备品。

（3）房间用品
①壁橱

a. 挂衣横杆上备有带店徽的衣架。按床位计：每床配两个西服衣架、两个裙架、两个裤架,共12个;五星级酒店可另配少量缎面衣架或落地衣架。

b. 柜下面放置叠放好的洗衣袋、大购物袋、小购物袋。袋的数量按床位计,每床1个。每个洗衣袋放上干、湿洗衣单各1份。有的酒店将袋子放置在梳妆台的抽屉里。

c. 衣服刷、鞋拔子（有的酒店还配两套浴衣）。

②小酒吧

a. 配备水杯、冰桶、开瓶器等用品。

b. 杯垫、纸巾、调酒棒、饮料单。

③梳妆台（书写桌）

a. 酒店介绍册、服务指南、征求意见表、房间用餐菜单、游览图、客房价目表、电话使用说明、烟灰缸。

b. 普通信封、航空信封、国际信封、信纸、明信片、传真纸、便笺、笔、针线包、行李标签、客人意见书、火柴等。

c. 不锈钢纸篓1只。

d. 礼品袋。

④茶几桌

烟灰缸、茶水具、热水瓶、花瓶。设酒柜的客房,茶几桌上仅摆烟灰缸、火柴、花瓶和茶叶。

⑤床头柜

a. 电话簿、电话卡、晚安卡、环保卡。

b. 便笺、笔、一次性拖鞋、擦鞋器（纸）。

以上文具用品均印有店徽，摆放时应注意将店徽摆正。

⑥床（按单床配用量计）

a. 保护垫（褥子）1条。

b. 床单2条或3条。

c. 被子1床。

d. 鸭绒枕芯、木棉枕芯各1个，枕套2个。

e. 毛毯1条（一般放在壁橱中，冷时用）。

f. 床罩1床。

（4）卫生间用品

①云台（洗脸台）

a. 烟灰缸、火柴、花瓶、消耗品托盘（篮）、小方巾、不锈钢污物桶、口杯、面巾、体重秤。

b. 杯垫、香皂、牙具、面巾纸、沐浴液、洗发液、护发素、润肤液、浴帽、梳子、剃须刀。

②坐便器旁。卫生卷纸、女宾卫生袋。

③浴缸旁。大浴巾、小浴巾、地巾、防滑橡胶垫。

④皂缸内。大香皂1块。

（5）窗帘。窗帘的作用是美化室内环境、调和光线、遮蔽外来视线，增加客人心理上的安全感、御寒遮阳，并在一定程度上起到隔音的作用。酒店客房一般配备3道窗帘，即纱窗帘、遮光窗帘和厚窗帘。

①纱窗帘。纱窗帘质地较薄，其主要作用是调和光线，美化环境。一般不拉开，但客人仍可以透过这种窗帘观望窗外的景物，同时阳光也可透过纱帘照进室内，杀死室内空气中致人生病的微生物。

②遮光窗帘和厚窗帘。遮光窗帘和厚窗帘一般白天拉开，客人午睡和傍晚开灯时再拉闭，使客人休息、睡眠不受干扰，同时也起到隔音的作用。厚窗帘最好能按季节更换，例如，入冬时挂暖色调的厚窗帘，春末夏初换上冷色调的窗帘，以改变室内的环境。

三、客房服务员的必备素质和要求

1. 对客房服务员的素质要求

客房服务员承担着客房服务工作，需要进行接待宾客、清扫客房及设施设备保养等各种服务。对客房服务员一般具有以下素质要求：

（1）良好的身体素质。客房服务是一项劳动密集型工作，必须具有良好的身体素质。在客房清扫、对客服务过程中，要求服务员身体健康，没有重大疾病。

（2）良好的职业道德。作为服务性行业，客房服务员要有良好的职业道德和思想品质。客房是宾客的私人空间，客房服务员在进入宾客的房间时，不得动用宾客的东西，不得干扰宾客的生活，要有不怕脏、不怕累的工作精神。

（3）要讲究礼貌、礼节。客房服务员直接为宾客提供服务，是宾客评价酒店服务质量的重要依据。因此，客房服务员一定要在仪容仪表、行为举止、语言修养等各方面体现出礼仪的要求，让宾客对酒店的服务感到满意。

（4）强烈的服务意识。酒店服务是一项服务性的工作，服务意识是每一位酒店服务员应该具备的意识，对于客房服务员来说，由于直接面对宾客的机会比较多，服务意识显得尤其重要。

强烈的服务意识要求客房服务员时刻意识到自己作为服务员的身份，时刻想到要为宾客提供优质服务，时刻保持为宾客服务的状态，做到主动、热情、耐心、周到地为宾客提供服务。

（5）娴熟的服务技能。服务工作不仅要具有强烈的服务意识，而且要具有娴熟的服务技能，这样，服务工作才能真正做好。每一位客房服务员要具有强烈的工作责任心和娴熟的服务技能,让自己的服务工作真正赢得宾客的满意。

(6) 要有较强的卫生意识。客房的清洁是宾客入住酒店最基本的要求。而客房的卫生除了视觉标准外,更多的时候可能是看不到的。例如,用脏抹布擦拭家具,从视觉上可能看不出来,但是,往往会在家具表面留下许多细菌。因此,服务人员要有强烈的卫生意识,严格根据酒店的标准来清扫客房,不可存有侥幸心理企图蒙混过关。

(7) 要掌握基本的设施设备保养知识。客房内的设施设备是保证客房正常出租的物质条件。如果设施设备出现故障就会影响宾客入住酒店。同时,设施设备损坏过快,会增加酒店的支出,减少酒店的利润。因此,客房服务员应该掌握最基本的设施设备保养知识,在日常清扫客房的过程中,完成对设施设备的基础保养,提高设施设备的寿命,为酒店节省开支。

(8) 较强的应变能力。客房服务是一项直接对客的服务,宾客要求的多样化决定了客房服务的复杂性,同时,由于许多不可抗的原因,客房服务又具有许多突发性。这就要求客房服务员具有较强的应变能力,在不同的情况下,能够冷静地做出判断,迅速地做出反应,处理好每一件突发事件。同时,客房服务员要具有一定的英语水平,能够用英语接待宾客,为客人提供服务。

2. 客房服务质量提升要求

(1) 提高服务意识。酒店服务员的工作是为宾客提供服务,因此,服务意识是最重要的,也是最基本的素质之一。客房服务员一定要培养和提高自己的服务意识,把宾客当成自己的衣食父母,在工作中尽心尽力为宾客提供优质的服务。

(2) 提高服务技能。服务技能反映了一位服务员的服务水平和效率,服务技能低下的服务员是不可能提供优质服务的。因此,客房服务员必须熟练掌握客房服务的各项技能,努力学习客房服务知识,训练自己的客房服务技能,同时,多参加酒店组织的各种服务技能训练和竞赛，通过多种途径来提高服务技能。

（3）提高个性化服务水平。标准化服务是酒店服务最基本的要求，但是，标准化服务仅仅能够满足宾客的最基本的需求。宾客由于种族、职业、信仰、背景等不同，往往会有一些个性化的需求，这时候，如果客房服务员能够根据宾客的需求提供相应的个性化服务，往往能够使宾客获得更高的满意度。

（4）做好与其他部门的协调工作。客房部与前厅部、餐厅部、工程部及保安部等部门都有密切的关系，作为客房服务员，应该主动与这些部门协调，做好相应的工作。例如，宾客需要送餐服务时，服务员应该及时通知餐饮部；客房内的设施设备有损坏时，服务员应该及时通知工程部。

考 核 指 南

基础知识部分

考核内容
1. 客房产品有何特点？
2. 简述客房服务的基本要求。
3. 客房部在酒店中有何地位？
4. 简述客房的种类。
5. 简述房价的种类。
6. 客房用品配置的基本要求是什么？
7. 对客房服务员有哪些素质要求？

考核方式
笔试或口试。

第十二单元　客房的清洁保养

模块一　基 础 知 识

一、清洁器具和清洁剂

1. 清洁设备和工具

（1）房务工作车。

（2）吸尘器。常用的吸尘器有筒式吸尘器、直立式吸尘器和背式吸尘器等。

①筒式吸尘器是吸尘工作中使用最多的吸尘工具，这种吸尘器吸力大，操作轻便灵活，多用于地毯和硬质地面以及家具吸尘，但不能吸水。

②直立式吸尘器主要用于对地毯的吸尘。这种吸尘器虽然比较笨重，操作不灵便，但是对地毯起着很好的清洁保养作用。

③背式吸尘器体积小、重量轻。适用于登高洗尘作业。

（3）洗地毯机。常见的有湿旋机、干泡机、喷吸机等。

①湿旋机主要用于湿洗地毯和硬质地面。

②干泡机既可用于清洗地毯，又可用于清洗软面家具。对不太脏的地毯清洗效果好。

③喷吸机洗涤力强，去污效果好。

（4）打蜡抛光机。大多数的打蜡抛光机既可用于清洗地面，又可用于打蜡抛光。

（5）高压冲洗机。高压冲洗机主要用于外墙、停车场、游泳池、垃圾场、车辆等冲洗。这种机器有冷热水两种设计。

(6) 拖把绞干机。拖把绞干机用于拧干拖把上的水或其他液体。

(7) 刮水器。刮水器也叫玻璃刮，用于清洁玻璃、清洁光滑的地面和墙面。使用时应从上到下、从左到右有序地操作。最后用吸水布擦去刮头上多余的水。

(8) 尘推。尘推即地面推尘器，用于地面的除尘。

(9) 地刷。地刷适用于多种场合及地面各个部位的清洗。

(10) 拖把。拖把的用途较多，主要用途是清洁地面。拖把用过后要洗净晾干，挂放起来，防止霉烂、滋生细菌。

(11) 抹布。抹布用途非常广泛。根据用途不同，抹布应有不同的规格和质地。在使用时要将抹布叠起来，可多面使用，以提高效率，保证质量。

(12) 刷子。根据用途不同，刷子分为面盆浴缸刷、便器刷、窗沟刷、地毯刷等。清洁使用时应各类刷子区别使用，用后洗净挂放。

(13) 警示牌。主要用于提醒警示，防止发生意外事故。

(14) 接线插盘。为了解决有的区域电器远离电源插座的问题，往往要备有接线插盘，用于接通电源。

2. 清洁剂

(1) 清洁剂的化学性质。清洁剂的构成基本都是化学物质，它的酸碱性通常以 pH 值来表示。根据 pH 值的大小，清洁剂可分为酸性、中性和碱性。pH 值是 6~8 的清洁剂为中性清洁剂，pH 值小于 6 的为酸性清洁剂，pH 值大于 8 的为碱性清洁剂。一般来说，中性清洁剂对于多数清洁保养对象不易造成伤害，而趋于强酸、强碱的清洁剂则会对清洁保养对象造成不同程度的损坏。因此，在使用前首先要了解清洁剂的酸碱性。

(2) 清洁剂的功能及其使用

①多功能清洁剂。多功能清洁剂用途广泛。这种清洁剂多是中性。可用于清洁多种一般性污迹。适用于多种物体表面的清

洁。使用多功能清洁剂前要根据使用说明稀释。

②便器清洁剂。便器清洁剂是酸性清洁剂。可用于清除便器及便池上的污垢。并有除臭、杀菌、消毒的作用。在使用前，先将便器和便池预湿，在便器便池内有水时才可以洒滴，以免腐蚀便器。片刻后，用专用刷子洗涮后用清水冲洗干净即可。

③浴室清洁剂。浴室清洁剂为酸性，但它对瓷质表面有腐蚀作用，因此，使用前必须做降低酸度处理。还要避免将浓缩液直接泼洒在瓷器的表面。

④玻璃清洁剂。玻璃清洁剂专门用于清洁玻璃、镜面。使用时不得用抹布蘸清洁剂直接擦拭镜面，以免使玻璃面变花。应将清洁剂装在高压喷瓶内，对准污迹喷洒少许，然后立即用细软抹布擦拭。

⑤金属抛光剂。金属抛光剂有少量的腐蚀剂、脂肪酸、有机溶剂等。它能清除金属表层的锈蚀和轻微的擦痕，并能在金属表面留下一层保护膜。使用时在柔软的干布上浸上一些抛光剂，用抹布反复擦拭金属，最后用一块干抹布将其擦亮。

⑥家具抛光剂。家具抛光剂也叫家具蜡。有膏质、糊状、液体等几种形态。酒店常用的为液体蜡。使用时通常用抹布蘸上抛光剂或将抛光剂直接喷洒在家具上，用抹布擦拭，约15分钟后再重复擦拭一遍。

⑦地面蜡。地面蜡用于地面清洁保养。有封蜡和抛光剂。

封蜡是一种填充剂，使用后能通过渗透作用，将地面细微的孔隙封住。可防止污垢、液体、油脂甚至细菌直接侵入。封蜡有油性和水性两种，油性一般用于木质地面，水性一般用于塑料地板、橡胶地砖、大理石和混凝土地面。

地面抛光剂用于地面的保养，有油性和水性两种。油性抛光剂用于木质等多孔的地面，水性抛光剂适用于少孔质地面。

⑧空气清新剂。现代化的酒店已经普遍使用空调设备，但房间密封性好、透气性差，室内容易有异味，并滋生细菌，如不能

开窗通风，就需要使用空气清新剂。这种清新剂使用后有灭菌和清新空气的作用。

⑨杀虫剂。使用时将杀虫剂喷洒在虫类经过或藏匿的地方，也可直接对准害虫喷洒，注意避开食物、饮料。

3. 清洁剂在使用和管理中需要注意的问题

（1）在清洁保养工作中，清洁剂的用量不是越多越好。任何清洁剂使用过多，未必能达到所期望的效率和效果，有时甚至会产生严重的副作用。

（2）既要注重清洁保养，又要重视环境保护。任何清洁剂都是化学制品，如果只注重清洁保养，往往就会忽视对环境的保护。因此，要严格选择和管理使用化学清洁剂，尽量选用环保制品，并注意对污物泄散进行处理，避免污染环境。

二、客房清扫的规定

（1）例行的客房彻底清扫工作一般应选择在客人不在房间时进行；客人如果在房间时，必须征得客人同意后才能进行，并以不打扰客人的活动为准。

（2）养成进房前思索的习惯。客房服务员在进房前，要尽量替住客着想，揣摩客人的生活习惯，不要因为清洁卫生工作或其他事情干扰客人的休息和起居。

（3）注意房间挂的牌子。凡是在房间门外把手上挂有"请勿打扰"牌子或有反锁标志，以及房间侧面墙上亮有"请勿打扰"指示灯时，不要敲门进房打扫。

（4）养成进房前先敲门通报的习惯。每个酒店员工都应养成进房前先敲门通报，等客人允许后才能进入房间的习惯。敲门通报、等候客人的步骤如下：

①站在距离房门约1米的地方，不要靠门太近。

②用食指或中指敲门3下（或按门铃），敲门要有节奏。

③等候客人反应约5秒，同时眼望窥视镜，以利于客人观察。

④如果客人无反应，则重复②③程序。

⑤如果仍无反应，将钥匙插入门锁内轻轻转动，用另一只手按住门锁手柄。不要猛烈推门。

⑥开门后应清楚地通报"整理房间"，并观察房内情况。如果发现客人正在睡觉，应马上退出，轻轻将门关上。

⑦敲门后，房内客人如果有应声，则应主动说"整理房间"，等客人允许后，进入房间清扫。

（5）在客房内作业时，必须将房门打开，用顶门器把门支好。如果客人不在房内，应用房务工作车将房门挡住。

（6）讲究职业道德，尊重客人生活习惯。

（7）厉行节约，注意环境保护。

三、客房清扫卫生质量标准

1. 感官标准

（1）"十无"

①四壁无灰尘、蜘蛛网。

②地面无杂物、纸屑、果皮。

③床单、被套、枕套表面无污迹和破损。

④卫生间清洁，无异味。

⑤金属把手无污锈。

⑥家具无污渍。

⑦灯具无灰尘、破损。

⑧茶具、冷水具无污痕。

⑨楼面整洁，无"六害"。

⑩房间卫生无死角。

（2）"六净"

①四壁净。

②地面净。

③家具净。

④床上净。

⑤卫生洁具净。

⑥物品净。
2. 生化标准
(1) 茶水具和卫生间洗涤消毒标准
①茶水具。每平方厘米的细菌总数不得超过 5 个。
②脸盆、浴缸、拖鞋。每平方厘米细菌总数不得超过 500 个。
③卫生间不得查出大肠杆菌群。
(2) 空气卫生质量标准
①一氧化碳含量每平方米不得超过 10 毫克。
②二氧化碳含量每平方米不得超过 0.07%。
③细菌总数每平方米不得超过 2 000 个。
④可吸入尘埃每平方米不得超过 0.15 毫克。
⑤氧气含量应不低于 21%。
(3) 微小气候质量标准
①夏天。室内温度 22～24℃；相对湿度为 50%；风速为 0.1～0.15 米/秒。
②冬天。室内温度 20～22℃；相对湿度为 40%；风速不得大于 0.25 米/秒。
③其他季节。室内温度 23～25℃；相对湿度为 45%；风速为 0.15～0.2 米/秒。
(4) 采光照明质量标准
①客房室内照度为 50～100 勒克司。
②楼梯、楼道照度不得低于 25 勒克司。
(5) 环境噪声允许值
客房内噪声允许值不得超过 45 分贝。
四、客房清扫前的准备工作
1. 到岗前的准备工作
(1) 更衣。
(2) 接受仪容仪表检查。
(3) 签到。

(4) 接受工作任务。
(5) 领取工作钥匙和呼叫机。
(6) 进入楼层。

客房服务员工作表见表 12—1。钥匙领用表见表 12—2。

表 12—1　　　　　客房服务员工作表　　　　早班□
　　　　　　　　　　　　　　　　　　　　　　　中班□
　　楼层_____姓名_____日期_____月_____日　晚班□

房号	状况	床位	清扫时间 入	清扫时间 出	肥皂	手纸	洗发液	沐浴液	润肤露	牙具	购物袋	咖啡	拖鞋	备注	特殊任务 特殊要求
01	S														当日计划卫生
02	L														
03	L														
05	VD														
06	VC														
07	S														
08	S														VIP
09	L														经理指令
10	L														
11	000														
12	S														
15	S														
16	L														
17	S														
18	S														

表 12—2　　　　　　　　钥匙领用表

钥匙种类	领 用		归 还	
	姓名	时间	姓名	时间
备注				

2. 到岗后的准备工作

(1) 准备好房务工作车

①清洁工作车。

②挂好垃圾袋和布件袋。

③放置干净的布件。

④放置房间用品。

⑤准备好清洁桶或清洁盆。

⑥准备好干净的抹布。

(2) 准备吸尘器

(3) 了解核实房态

①住客房（OCC）。即客人正在住用的客房。

②走客房（C/O）。即客人已经结账并离开的客房。

③空房（V）。即昨日无人租住的房间。

④未清扫房（VD）。即该客房为没有经过打扫的空客房。

⑤外宿房（S/O）。即该客房已经被租用，但租客前日未住的客房。

⑥维修房或待修房（OOO）。也称病房，即因设施设备故

障，暂时不能出租的客房。

⑦已清扫房（VC）。也称 OK 房，即已清扫完毕，可以重新出租的客房。

⑧请勿打扰房（DND）。即客人因休息或其他原因不愿服务人员打扰的客房。

⑨贵宾房（VIP）。即住客是酒店重要客人的客房。

⑩常住房（LSG）。也称长包房，即长期由客人包租的客房。

⑪请即打扫房（MUR）。即住客需要服务人员即刻打扫的客房。

⑫轻便行李房（L/B）。即客人行李很少的客房。

⑬无行李房（N/B）。即住客无行李的客房。

⑭准备退房（E/D）。即住客应在当天中午 12:00 前退房，但现在还未退的客房。

⑮加床房（E）。即加床的客房。

（4）确定客房清扫的顺序

①立即打扫房。

②总台或领班指示打扫的客房。

③VIP 客房。

④走客房。

⑤普通住客房。

⑥空房。

⑦长住房与客人协调，定时打扫。

五、客房清扫的基本方法

（1）从上到下。

（2）从里到外。

（3）环形清理。

（4）干、湿分开。

（5）先卧室后卫生间。

（6）注意死角。

模块二 服务技能

一、住客房间卧室的清扫（见表12—3）

表12—3　　　　　　住客房间卧室的清扫

操作程序	操作标准
1. 准备工作	（1）检查工作车上面客用物品和工具是否准备齐全 （2）将工作车靠墙放置，远离房门，以免妨碍他人
2. 进入房间	（1）敲门 首先应检查房门上是否挂有"请勿打扰"牌或墙壁上"请勿打扰"指示灯是否亮着，观察房门是否反锁 轻轻敲门3下，并通报"整理房间"，声音不要太大，以能使客人听到为准 在门外等候5秒，观察房内动静 （2）开门 在确认房间内无动静后再敲3下 使用钥匙将门轻轻打开约10厘米报明自己的身份，询问"可以进来吗"后，方可进入房间。 如果客人在房内，要等客人开门后或经过客人同意后才能进入，向客人问候，并询问客人是否可以清扫房间 在登记表上填写进房时间
3. 拉开窗帘、玻璃窗	进入房间后，应首先拉开窗帘，打开玻璃窗。同时检查窗帘和玻璃窗是否完好
4. 清洁烟缸和垃圾	（1）将烟缸内的烟灰和烟蒂倒入指定的垃圾桶，在浴室洗净，用抹布擦干、擦净 （2）清理桌面和地面的垃圾，将其放入垃圾桶或纸篓 （3）清理垃圾桶。倒垃圾桶时应检查垃圾桶内是否有贵重物品或文件资料，如有则不要倒掉。如发现刮胡刀、碎玻璃片等锐利废弃物应单独处理
5. 撤掉脏的布巾	（1）逐层将床单撤掉，换上干净的布巾 （2）在撤掉脏布巾的同时，检查有无丢失或损坏现象 （3）要特别注意撤掉的布巾里是否裹有客人的物品或衣物

续表

操作程序	操作标准
6. 做床	(1) 按规定的方法和标准做床 (2) 确保床单干净、无污迹 (3) 确保床的四角为45°或90°，而且绷紧、平整
7. 擦尘	(1) 使用抹布擦拭床板、椅子、窗台、门框、灯具和桌面，达到清洁无异物 (2) 使用消毒剂擦拭电话机 (3) 擦拭灯具时，应检查灯泡瓦数是否符合标准，有无损坏。如损坏应立即更换 (4) 保证房内所有家具和设备干净、无尘、整洁 (5) 按照一定的顺序（逆时针或顺时针）擦尘，以确保质量
8. 检查设备	检查空调、灯具、冰箱、电话、电视等设备，确保其能正常使用
9. 清洗杯子	(1) 用指定的清洁剂清洗 (2) 确保杯子干净、无污迹 (3) 客人离店后，杯子要及时消毒
10. 清洁玻璃窗和梳妆镜	用指定的专用工具清洁玻璃窗和梳妆镜，确保光亮、干净、无尘
11. 整理窗帘	要求干净、无破损、无污迹、无皱褶
12. 电镀制品	要求光亮、无尘、无污迹
13. 补充客用品	按规定的数量补充客用品： 干洗单、湿洗单、熨烫单各两份，洗衣袋两个 购物单1份，多用袋1个 清单1张 普通信纸5张，航空信纸5张，电传纸两张，普通信封5只，航空信封5只 酒店指南1本 明信片两张，行李标签两张，酒店用笔1支 便签本1本 客人意见书1张 电话册、服务指南、送餐菜单各1份 旅游杂志、电视节目预告各1本 茶杯两只，酒杯1个，水杯两只，茶叶4袋

续表

操作程序	操作标准
14. 吸尘	(1) 使用吸尘器的时候要小心,避免碰撞家具等设备 (2) 桌子、椅子下面和房间过道处彻底除尘 (3) 注意死角
15. 环视检查整个房间	(1) 检查整个房间是否清洁干净,床单是否铺平,镜子、玻璃、挂画是否擦净 (2) 检查电话和电话线工作是否正常
16. 离开房间	(1) 将清洁用品和设备放回工作车内,不得遗留在客房 (2) 关灯、锁门,并对房门进行安全检查,登记离房时间

二、西式铺床(见表12—4)

表 12—4　　　　　　西式铺床

操作程序	操作标准
1. 将床拉离床头板	弯腰,屈膝蹲下,用手将床连同床垫慢慢拉出距床头约60厘米
2. 清理床垫	(1) 清除床面杂物 (2) 将床垫、褥垫整理好
3. 铺第一层单	(1) 床单的正面向上,中折线位于床的正中位置 (2) 站在床尾,甩单,用两手抓住床单一边,一次甩单定位 (3) 不偏离床中心线,铺好的第一层单无皱褶
4. 包边包角	(1) 将第一层单四边四角包入床垫下 (2) 床头、床尾和床两侧包进床垫部分不少于15厘米 (3) 四角呈 90°或 45°,要求四角角度一致 (4) 包边包角后,床单无皱褶
5. 铺第二层单	(1) 床单的正面向下,中折线要与第一层单重叠 (2) 甩单:与铺第一层单一样 (3) 第二层单上端要多出床头(床垫)约20厘米
6. 铺毛毯	(1) 将毛毯甩开一次到位 (2) 不偏离中心线 (3) 毛毯商标在床右下方,商标向上 (4) 毛毯上端和床头对齐

续表

操作程序	操作标准
7. 铺护单	(1) 与铺第一层单方法一样 (2) 护单与毛毯对齐
8. 包边包角	(1) 将第二层单反折于毛毯、护单之上,再将第二层单、毛毯、护单一起反折 30 厘米 (2) 将护单、毛毯、第二层单一起包进床垫下 (3) 包边包角与第一层单要求方法一样
9. 套枕芯	(1) 将枕套抖开平放在床上 (2) 将枕芯对折,右手抓住枕芯的两边(两半部) (3) 左手将枕套口从中缝处提起,使开口分开 (4) 两手合力将枕芯装入枕套 (5) 两手抓住枕套口边提起用力抖动,使枕芯全部进入枕套 (6) 封口 (7) 将枕头放至床头正中间,开口反向于床头柜
10. 铺床罩	(1) 将床罩盖在床上,床罩与床垫边线重叠 (2) 床罩上端盖没枕头不露出白边,多余部分要塞入两个枕头中间和底部。两条枕线要平直 (3) 床尾两角垂直、挺括 (4) 床面平整美观
11. 将床推复原位	将铺好的床推至原位

三、中式铺床(见表 12—5)

表 12—5　　　　　　中式铺床

操作程序	操作标准
1. 将床拉离床头	弯腰,屈膝蹲下,用手把床拉离床头板 60 厘米
2. 清理床垫	(1) 清除床面杂物 (2) 将床垫、褥垫整理好
3. 铺床单	(1) 将叠好的床单拿到床上,注意翻看正反面 (2) 站在床尾,甩单,用两手抓住床单一边,一次甩单定位 (3) 不偏离中心线,正面向上 (4) 铺好的床单无皱褶

续表

操作程序	操作标准
4. 包边角	(1) 将床单四边四角包入床垫下,四角成 90°或 45°,要求四角角度一致 (2) 包边角后,要求床单平整无皱褶
5. 套枕芯	(1) 将枕套抖开平放在床上 (2) 将枕芯对折,右手抓住枕芯的两边(两半部) (3) 左手将枕套口从中缝处提起,使开口分开 (4) 两手合力将枕芯装进枕套 (5) 两手抓住枕套口边提起用力抖动,使枕芯全部进入枕套 (6) 封口 (7) 将枕头放置床头正中位置,开口反向于床头柜
6. 套被罩	(1) 将干净的被罩套在羽绒被上 (2) 要求四角饱满 (3) 将套好被罩的羽绒被铺在床上,整理平整
7. 打枕线	(1) 将羽绒被头反折 30 厘米 (2) 要求平整无皱褶
8. 把床推复原位	将做好的床推至原位

四、住客房卫生间的清扫(见表 12—6)

表 12—6　　　　住客房卫生间的清扫

操作程序	操作标准
1. 准备工作	准备好清洁工具和需更换的客用品
2. 开灯、开换气扇	(1) 打开浴室灯和换气扇 (2) 将清洁工具放入卫生间 (3) 在卫生间门口放上一块毛毡,防止清洁时将水带入卧室
3. 冲洗恭桶	(1) 放水冲洗恭桶 (2) 在恭桶的清水中倒入适量的恭桶清洁剂,不要将清洁剂直接倒在釉面上 (3) 用中性清洁剂清洗恭桶水箱、座沿盖子的内外和底座外侧等 (4) 用专用的抹布将抽水恭桶擦干

续表

操作程序	操作标准
4. 撤换脏布巾	将用过的脏布巾撤下来,放入清洁车的布袋中。可留一大浴巾和脚巾备用
5. 清洗烟缸和垃圾桶	(1) 将烟灰倒入指定的垃圾桶内。烟灰缸上如有污迹,可用少许清洁剂去除并擦干 (2) 将垃圾桶内的垃圾倒入清洁车的垃圾桶内,并清洗干净,然后用抹布擦干
6. 清洗浴盆	(1) 将浴盆旋塞关闭,放适量的热水和浴盆清洁剂,用百洁布从墙面到浴盆里外彻底清刷 (2) 用海绵蘸少许中性清洁剂擦拭镀铬金属件后用干抹布擦干、擦亮 (3) 清洁时应从上至下进行
7. 清洗脸盆和化妆台	(1) 用百洁布蘸适量清洁剂清洗台面和脸盆,后用清水刷净,用抹布擦干 (2) 用海绵蘸少许中性清洁剂擦拭脸盆不锈钢件的皂垢、水斑后,用干布擦干、擦亮
8. 清洁镜面	(1) 将玻璃清洁剂喷在干净抹布上 (2) 用干净的抹布将其擦干净
9. 消毒	对卫生间各个部位进行消毒
10. 补充卫生间的用品	按规定的位置摆放好"五巾"和浴液、香皂、牙具、浴帽、洗发液、梳子、面巾纸、卫生纸和卫生袋等日用品
11. 清洁门和地面	用湿布蘸适量的清洁剂从上到下、从里到外进行清洁。最后用干布擦干
12. 吸尘	用吸尘器对地面吸尘
13. 检查、关门、关灯	(1) 环视卫生间检查有无漏项和不符合规范的地方,后带走清洁工具 (2) 将卫生间的门板虚掩 (3) 关上浴室的灯

五、检查房间（见表 12—7）

表 12—7　　　　　检查房间

操作程序	操作标准
1. 设备	(1) 电器设备是否工作正常 (2) 灯泡是否符合标准 (3) 空调调到规定的挡位 (4) 电视频道调定在所规定的电视节目频道上 (5) 电话是否完好
2. 客用品的摆放	(1) "早餐单""请打扫房间""请勿打扰"牌挂在门后的把手上 (2) 杯盘位于冰箱左下角，最外边为茶杯，然后是水杯，并准备热水器和 4 袋茶叶 (3) 冰桶放在冰箱的右上角，桶盖上放置冰夹 (4) 按照酒水单的顺序摆放小酒吧内的饮品 (5) 文件夹通常放在梳妆台的中央，带有写字台的房间，文件夹摆放在写字台中央 (6) 洗衣单、熨衣单两份，1 份夹在衣架上放在壁柜里，1 份放在梳妆台或写字台的抽屉里，靠左侧放洗衣单，洗衣单在上，洗衣袋在下 (7) 购物袋、多用袋放在梳妆台抽屉右侧，多用袋在上，购物袋在下 (8) 电视摆放在梳妆台右侧或电视柜上 (9) 各种免费阅读杂志摆放在游戏桌上，从左至右码放。特殊房型放在咖啡桌上，从左至右摆放 (10) 普通房间配备两个烟缸，1 个摆放在梳妆台文件夹的右下角，1 个摆放在游戏桌杂志的正前方 (11) 火柴随烟缸摆放，位于烟缸正前方紧靠烟缸，店徽向上 (12) 垃圾桶放置在梳妆台的左侧 (13) 客餐服务菜单，摆放在床头柜上的左下角 (14) 服务指南摆放在菜单的上方，右侧对齐 (15) 电话价目表摆放在菜单上方，左侧对齐 (16) 电话本码放在床头柜内左下角 (17) 紧急情况处理手册摆放在电话本上方，右侧对齐
3. 家具	确保家具按规定摆放且无破损
4. 床、床上用品和窗帘	(1) 窗帘无污迹，无破损 (2) 床单、枕套、床衬垫、床罩、床垫、床屉、床头板无污迹，无破损
5. 清洁	(1) 所有家具、杯子干净无尘 (2) 地毯、墙面、房顶无污迹，无灰尘 (3) 空调出口无灰尘，灯罩无尘，无污迹

六、检查卫生间（见表 12—8）

表 12—8　　　　　　　检查卫生间

操作程序	操作标准
1. 设备、设施	确保设施和设备正常工作
2. 客用品摆放	(1) 用品筐码放在面盆的左侧角 (2) 手皂放在面盆右侧 (3) 浴巾、手巾、面巾叠好放在架子上 (4) 浴皂放在浴盆边上 (5) 卫生袋码放在水桶盖的左侧 (6) 备用手纸摆放在卫生袋上面 (7) 漱口杯码放在面盆的左侧 (8) 烟缸摆放在两个漱口杯下方呈等边三角形，靠近外侧 (9) 洗漱用品筐内前排从左至右为洗发液、浴液、润肤液、针线包。后排从左至右为牙刷、浴帽 (10) 吹风机的挡位应调至最高挡
3. 卫生间的清洁	(1) 浴盆、面盆、恭桶干净，无毛发，无污迹 (2) 地面无杂物 (3) 墙面顶棚无污迹，门上无手印和污迹

七、开夜床服务（见表 12—9）

表 12—9　　　　　　　开夜床服务

操作程序	操作标准
1. 准备工作	备好晚安卡、早餐单等
2. 进房	(1) 敲门或按门铃，向客人通报身份和目的 (2) 客人如不需要开夜床，则应在夜床表上做好记录
3. 开灯	(1) 打开房内灯 (2) 将空调温度开到指定的刻度上
4. 拉遮光窗帘和二道帘	(1) 轻轻拉上遮光窗帘和二道帘 (2) 检查窗帘是否完好

续表

操作程序	操作标准
5. 开床	(1) 根据人数为客人开床，通常标准间只住一人时为靠卫生间的床开夜床 (2) 将床罩撤下，整理好，放在指定位置。预抵房，放在衣柜上层。住客房，放在沙发上或椅子上，不得置于地下 (3) 将靠近床头一边的毛毯连同盖单向外反折成45°，夏季温度高时，可将毛毯对折，再将该单折成45° (4) 拍松枕头并摆正 (5) 将早餐卡、晚安卡放置在枕头中间 (6) 双人床睡一人时，以床头柜为准，开墙边近浴室的一边，折角朝向卫生间；双人床睡两人时，可两边都开；二人住双床间，则各自开靠床头柜的一侧，也可同方向开 (7) 酒店如有拖鞋，则在开夜床折口处摆放好拖鞋 (8) 将浴袍叠好放置床的一侧
6. 清理烟缸、垃圾	将烟缸中的烟灰、烟蒂倒掉并洗净，垃圾清理倒掉，简单除尘
7. 补水、换开水	(1) 确保冰桶内冰块为半桶以上 (2) 开水温度必须达到90℃
8. 整理卫生间	(1) 更换布巾。如布巾被客人用过，应立即补充新布巾 (2) 清洁卫生间。将客人用过的面盆、浴盆、恭桶立即清洗干净 (3) 放地巾、防滑垫。将地巾放置浴缸外侧地面，防滑垫平铺于浴缸底部 (4) 将浴帘放入浴缸内，并拉出1/3 (5) 如有加床，增添1份客用品
9. 巡视卫生间和房间	巡视一遍卫生间和房间，看有无遗漏
10. 关灯和关好房门	(1) 除床头灯或地灯和走廊灯外，关掉所有的灯 (2) 退出房间，关好房门
11. 登记	在开夜床报表上做好记录

考 核 指 南

基础知识部分

考核内容

1. 简述清洁设备和清洁剂的种类和用途。
2. 简述客房清扫的规定。
3. 简述客房清扫的卫生质量标准。
4. 简述客房清扫的准备工作。
5. 简述客房清扫的基本方法。

考核方式

笔试或口试。

服务技能部分

考核内容

1. 住客房间卧室的清扫。
2. 西式铺床。
3. 中式铺床。
4. 住客房卫生间的清扫。
5. 检查房间。
6. 检查卫生间。
7. 开夜床服务。

考核方式

训练室现场模拟操作。

第十三单元 客房服务中心

模块一 基 础 知 识

客房服务中心是指客房楼层不设服务台和台班岗位,而是根据每层楼的房间数目分段设置工作间,工作间在形式上是不对外的,也不承担接待客人的任务,而是由行李员带客人进房间,客用钥匙管理也由前厅部负责。客人需要找客房服务员时,可以拨打内线电话通知客房服务中心,由它通知离客人房间最近的工作间的服务员进行服务。

一、客房服务中心的特点

(1) 减少了人员的编制,节省了人力,减低了酒店成本。

(2) 更利于客房区域的安静,体现对客服务"宾客至上"的宗旨。

(3) 有利于统一调度和控制,客房服务中心承担着客房服务质量信息处理中心的任务,确保了工作的及时性,并能代理客房部经理处理一些日常性的事务。

二、客房服务中心的工作范围

为了方便住客,做到随时服务,客房服务中心 24 小时都设有值班人员,主要负责安排、调度对住客的服务以及与客人的沟通与反馈,还负责失物招领等事宜,其主要职责如下:

(1) 信息处理。凡是关系到客房部工作的信息,都要首先经过客房服务中心的初步处理,保证相关问题能得到及时解决。

(2) 员工出勤控制。客房部所有员工上下班都要在此打卡考勤。

（3）对客服务。接受住客提出的各项合理要求，通知楼层服务员为客人提供及时的服务。保管和租借给客人用品，负责对客人遗留物品的处理及承担为 VIP 客人准备礼仪物品等工作。

（4）楼层万能钥匙的管理。客房服务中心负责统一签发、签收和保管用于清洁整理客房的楼层万能钥匙。

（5）与前厅部联系。客房服务中心要按时向前厅部通报客房状况，并及时核对客房差异情况。

（6）处理投诉。接受客人投诉并及时处理和汇报。

（7）失物招领。失物认领表（见表 13—1）。

表 13—1　　　　　失物认领表

物品号码：	日期：
认领人姓名：	
身份证号/护照号码：	
地址：	
电话号码：	
认领物品如下：	
认领人签字：	经手人：
部门：	
正本—客房部	副本—财务部

（8）档案保管。客房服务中心负责客房部所有的资料档案，并需及时补充和更新处理。

（9）负责向工程部申报工程维修单。根据楼层服务人员的报告对设施设备的维修保养做好详细记录。设施设备需要维修时负责向工程部申报工程维修单。

（10）记录住客房内酒水耗用量。根据楼层服务员对住客房内酒水耗用量的报账,及时登记,并做到随时与前厅部和财务部等相关部门的信息沟通。

(11) 协调与其他部门的关系。

物品租借登记表(见表13—2)。

表13—2　　　　　　　物品租借登记表

日期	
房号	
客人姓名	
物品名称	
客人签名	
送还日期	
接收人	

注:您所租借的上述物品,如果离开前仍未交还,酒店将会向您索取物品的价值费用。

三、客房服务中心的运转

客房服务中心通常设有1名领班或主管,负责日常事务的处理工作。向客房经理负责或与秘书直接联系。客房服务中心的职员需具有丰富的服务经验和受过良好的训练,只有这样才能密切客房部与客人、客房管理人员同员工的联系,发挥客房服务质量信息管理中心的职能。

客房服务中心一般和客房部经理办公室相通或相邻,以便于统一调控和实行24小时连续服务。

模块二　服务技能

一、洗衣服务（见表 13—3）

表 13—3　　　　　　洗衣服务

操作程序	操作标准
1. 收取客衣	(1) 接到客人电话通知或看到洗衣袋放在门边，服务员应及时收取 (2) 点清衣物，服务员查看衣物与洗衣单上填写的是否吻合 (3) 检查衣物有无破损和特殊污点 (4) 看衣物质地是否会褪色、缩水，若客人要求湿洗此类衣物，则应向客人当面说明 (5) 快洗和慢洗的费用相差 50%，应向客人说明
2. 通知洗衣房	通知洗衣房服务员到楼层收取客衣
3. 送客衣	(1) 洗衣房服务员在下午 15:00 将洗好的客衣送回楼层 (2) 楼层服务员按房号将衣服送入客房，并放在固定的位置

二、擦鞋服务（见表 13—4）

表 13—4　　　　　　擦鞋服务

操作程序	操作标准
1. 收取客鞋	(1) 客人将要擦的鞋放在客房内的显眼处 (2) 服务员接到电话或在客房内看到后应及时收取 (3) 特别留意雨天的擦鞋服务
2. 做好标记	用纸条写好房间号放入待擦的鞋内
3. 送入工作间	将待擦的鞋放在工作间待擦

续表

操作程序	操作标准
4. 擦鞋	（1）按规范将鞋擦净、擦亮 （2）擦鞋时要先铺上纸，再剔除鞋面和鞋底的泥沙等，以免弄脏地面 （3）根据鞋子的质地和色泽选用合适的鞋油和鞋刷，擦好后再用软布抛光 （4）对没有相同色彩鞋油的待擦皮鞋，可用无色鞋油 （5）注意鞋边、鞋舌、鞋底要擦净，鞋内侧和鞋带不可弄脏
5. 送鞋	（1）一般半小时后将擦好的鞋送入客人房间，并放在规定的位置 （2）避免将鞋送错房间

三、对客租借物品服务（见表13—5）

表13—5　　　　　对客租借物品服务

操作程序	操作标准
1. 接听电话	服务员接听客人提出租借物品的电话
2. 仔细询问	仔细询问客人要租借物品的品名、规格、租用时间等信息
3. 准备物品	将客人要租借的物品按客人的要求准备好
4. 送入房间	（1）将客人租借的物品用托盘送入房间 （2）对租用的一些特殊物品应提醒客人注意使用安全和使用方法，如电器等 （3）对租借用的物品应在"租借用物品单"上做好登记并请客人签名
5. 收回物品	客人租借的物品使用完毕归还后，应仔细检查是否损坏并记录已归还

注：租借用物品单（见表13—2）。

四、客人遗留物品服务（见表13—6）

表13—6　　　　　客人遗留物品服务

操作程序	操作标准
1. 及时寻找客人或送交客房服务中心	（1）发现有客人遗留贵重物品，服务员应立即通知房务中心 （2）若是散客，房务中心应立即与总台联系设法找到客人 （3）若是团队客人，房务中心应及时与团队联系 （4）如果没有及时找到失主，服务员应及时将遗留物品送交客房服务中心
2. 登记	（1）客房内遗留的一般物品，服务员立即在工作单上"遗留物品"栏内登记。清楚地填写遗留物品的房号、名称、数量、规格、质地、拾到时间和拾到者姓名等详细信息 （2）一般物品要和食品、钱币等分开填写
3. 装袋	一般物品整理好后要和遗留物品单一道装入遗留物品袋内，将袋口封好，在袋的两面写上当日日期，存入遗留物品室内的格档中，贴上有当日日期的封条
4. 认领	（1）失主认领遗留物品，要验明来人的身份，由认领人在遗留物品登记本上写明工作单位并签名 （2）领取贵重物品需要留下领取人身份证的复印件，并通知大堂经理到现场监督，并签字以备核查 （3）若客人打电话寻找遗留物品，需要问清情况并积极查询，如客人不立即来取，应把该物品转放入"待取柜"中，并在记录本上逐日交班，直到客人来领取 （4）若认领遗留物品的客人在前台等候，则将遗留物品送至前台 （5）若客人遗留物品经多方寻找仍无下落，应立即向经理汇报
5. 保管	按国际惯例，客人遗留物品保存期为1年，特别贵重物品可延长半年。保存期满后酒店按有关规定自行处理

五、处理客人投诉（见表13—7）

表13—7　　　　　　　处理客人投诉

操作程序	操作标准
1. 让座赠茶	当客人找到酒店员工，"面对面"投诉时，有可能的话，邀请他到办公室，请他坐下讲话，同时为客人送上一杯茶水或免费饮料
2. 做好登记	（1）记录好客人投诉的内容、客人的姓名、房号、投诉时间和客人投诉的要点 （2）记录时要面带微笑，认真倾听。表示对客人投诉的重视
3. 表示同情	（1）在听完客人的投诉后，首先要向客人表示歉意 （2）要对客人表示同情和理解，使客人感到受到了尊重，同时也使客人信赖酒店的员工，进而减少对抗情绪
4. 维护双方利益	（1）要为客人排忧解难，为客人利益着想 （2）不可在未弄清事实前，盲目承认客人对具体事实的陈述，轻易表态，以免引起纠纷和赔偿事件，给酒店造成经济损失
5. 解决问题	（1）如果是自己能解决的问题，应迅速回复客人，告诉客人处理意见 （2）对一些看来明显是服务工作中的失误，应立即向客人道歉 （3）在征得客人同意后，做出补偿性的处理。所有客人的投诉，应尽量在客人离店前得到解决 （4）如果超出自己的权限，需请示上级处理 （5）如果确属暂时不能解决的问题，也要向客人解释，取得谅解，并请客人留下地址和姓名，以便日后告诉客人最终的处理结果

考 核 指 南

基础知识部分

考核内容

1. 客房服务中心的特点有哪些？
2. 客房服务中心的工作范围有哪些？

考核方式
笔试或口试。

服务技能部分
考核内容
1. 洗衣服务。
2. 擦鞋服务。
3. 对客租借物品服务。
4. 客人遗留物品的服务。
5. 处理宾客投诉。

考核方式
训练室现场模拟操作。

第十四单元　公共区域的清洁保养

模块一　基　础　知　识

一、公共区域的概念

酒店公共区域是指酒店内公众共有、共享的活动区域和场所。可分为客用部分和员工使用部分。它包括大厅、电梯和自动扶梯、餐厅、舞厅、多功能厅、公共卫生间、职工通道、办公场所和室外停车场等。

二、公共区域清洁保养工作的特点

(1) 众人瞩目，要求标准高，影响范围大。
(2) 范围广，情况复杂多变，人员繁杂。
(3) 专业性强，技术含量高。
(4) 劳动强度大。

三、公共区域的业务范围

(1) 大门前的清洁。
(2) 大厅的清洁。
(3) 客用电梯的清洁。
(4) 公共卫生间的清洁。
(5) 餐厅、多功能厅的清洁。
(6) 各娱乐场所的清洁。
(7) 内庭花园水池的清洁。
(8) 职工通道的清洁。
(9) 停车场的清洁。

（10）办公室、职工餐厅、浴室、更衣室的清洁。
（11）楼层过道走廊及中厅的清洁。
（12）酒店的卫生防疫、除害及垃圾的处理。

酒店公共区域的业务范围是根据酒店的档次和习惯而定，例如，有的酒店就将公共区域的卫生分别划分餐厅、前厅、工程和客房部门管理，有的则将前台区域的卫生划归客房部、餐饮部负责，将后台区域划归工程部、行政事务部负责。

四、酒店公共区域的岗位职责

1. 公共区域主管

（1）岗位职责

①制订落实酒店公共区域的各项工作计划。
②负责对公共区域服务员的培训和每日工作安排。
③检查巡视，确保在岗的服务人员处于良好的工作状态，确保公共区域的清洁卫生标准。
④与相关部门协调，做好有关场所和某些专门区域的清洁工作。
⑤接洽对外服务业务，确保质量和效益。
⑥管理公共区域的清洁设备、工具和用品。
⑦考核公共区域服务员的工作。
⑧完成上级安排的其他工作。

（2）业务要求

①具有高中和高中以上学历或同等文化程度。
②有丰富的清洁保养知识，熟悉酒店清洁保养业务。
③有熟练的操作技能，可以熟练操作各种清洁设备和工具，并能对设备工具进行经常性的保养和修理。
④熟悉各种清洁剂的用途和使用方法。
⑤有较强的应变能力。
⑥有一定的经营意识和管理能力。
⑦有一定的外语会话能力。

⑧工作认真负责,能吃苦耐劳。
⑨身体健康。

2. 公共区域清洁工

(1) 岗位职责

①按规定的程序规范地对所管辖区域进行清洁保养,并达到规定的标准。

②检查所管辖区域的设施设备是否完好,如有问题及时报告和修理。

③做好清洁设备的保养和清洁用品的保管和使用工作。

④做好回答客人的问询等服务工作。

⑤完成上级安排的其他工作。

(2) 业务要求

①具有高中和高中以上学历或同等文化程度。

②熟练掌握本岗位的工作职责、程序和标准。

③了解各项清洁活动的操作规范。

④具有一定的专业知识和操作技能。

⑤工作责任心强,能吃苦耐劳。具有高度的自觉性和责任感。

⑥熟悉酒店的情况,具有同客人沟通的能力。

⑦身体健康,相貌端庄。

⑧在涉外酒店要懂一定的外语。

3. 公共区域打理工

(1) 岗位职责

①负责酒店地毯和软面家具的清洗。

②负责酒店花岗岩、大理石等地面的清洗打蜡。

③负责酒店的除虫灭害工作。

④负责酒店外墙外窗的清洁。

⑤负责酒店公共区域大型吊灯的清洁。

⑥负责酒店公共区域天花、出风口、回风口及其装饰物的

清洁。

⑦承担店外的协作性或经营性清洁保养工作。

⑧正确使用和妥善保管公共区域的各种器具用品。

⑨完成上级安排的其他工作。

(2) 业务要求

①具有高中毕业以上学历或同等文化程度。

②精通酒店面层材料的清洁保养业务。

③熟练掌握有关清洁器具和清洁用品的操作和使用方法。

④工作认真负责，能吃苦耐劳。

⑤身体健康。

模块二　服务技能

一、地毯清洗（见表14—1）

表14—1　　　　　　　　地毯清洗

操作程序	操作标准
1. 检查与准备	(1) 检查地毯污迹面积和污迹的种类 (2) 准备好所需的清洁工具和清洁剂
2. 清洗	(1) 根据污迹的轻重，选择清洁剂的浓度 (2) 将适量稀释的清洁剂均匀喷洒在地毯表面 (3) 浸泡5分钟，使它完全溶解 (4) 用干净的抹布揉搓、擦拭地毯直至污迹清除 (5) 如果地毯上存在大面积的污迹，可用地毯清洗剂洗涤

二、大厅清洁（见表14—2）

表14—2　　　　　　　　大厅清洁

操作程序	操作标准
1. 家具	(1) 用抹布擦掉大厅摆放的所有家具上的手印和灰尘 (2) 给家具适当打家具蜡，保持家具光亮

续表

操作程序	操 作 标 准
2. 玻璃	(1) 准备擦玻璃具，水桶1只 (2) 将稀释后的清洁剂擦在玻璃上 (3) 用玻璃刮将清洁剂刮下来 (4) 用抹布把玻璃框及底部的水迹擦干净
3. 花盆	用抹布将花盆内外擦净
4. 墙壁	用稀释后的清洁剂由上至下反复擦拭，保证清洁光亮
5. 金属物	(1) 用抛光金属剂抛光 (2) 用抹布擦拭直至光亮，无污迹
6. 大理石地面	(1) 准备地拖、大理石专用清洁剂 (2) 重复拖擦，保证光亮，无尘，无杂物
7. 镀铬圆柱	(1) 用湿抹布由上至下擦拭 (2) 用干抹布重复擦拭保证光亮，无污迹
8. 立式烟缸	(1) 每天冲洗 (2) 保证烟缸表面光亮，无污迹 (3) 每周用抛光清洁剂抛光
9. 公用电话	(1) 每天用抹布清洁电话表面，擦去灰尘 (2) 用酒精消毒，保持干净，无异味
10. 大厅台灯	每天用抹布反复擦拭，保持灯罩无灰尘，光亮，灯架无污迹，开关正常
11. 指示牌	(1) 每天用抹布擦拭清洁，保持明亮，无尘 (2) 使用抛光剂清洁铜制部位
12. 空调	每天用抹布清洁空调口，确保空调工作正常，风口无尘、无污迹

三、公用卫生间的清洁（见表14—3）

表14—3　　　　　　公用卫生间的清洁

操作程序	操 作 标 准
1. 清理垃圾	将所有的垃圾倒入指定的垃圾袋中
2. 清洗烟缸	(1) 倒烟缸之前应检查烟蒂是否熄灭 (2) 清洗烟缸，擦拭干净

续表

操作程序	操作标准
3. 清洗垃圾桶	(1) 用适量稀释的碱性清洁剂刷洗 (2) 用抹布擦拭干净,使垃圾桶内外干净,无污迹
4. 清洗恭桶	(1) 将恭桶清洁剂沿着恭桶内部边缘倒入 (2) 用恭桶刷清洁恭桶,直到污迹消失 (3) 用清水冲洗,同时清洁恭桶座圈、基座和桶盖 (4) 用干净的抹布将其外部擦干净
5. 清洁立式便池	(1) 将清洁剂沿边缘倒入 (2) 使用百洁布从上水孔至下水孔按顺序清洁,冲洗 (3) 使用干净的抹布将便池外部由上至下擦干净
6. 清洁镜面	(1) 将玻璃清洁剂均匀喷在抹布上 (2) 使用干抹布从上至下进行擦拭,直到镜面光亮,无污迹
7. 洗手盆及台面清洁	(1) 将稀释后的清洁剂均匀洒在洗手盆内 (2) 用百洁布将溢水孔、下水孔、盆内及台面消毒,清洁 (3) 用抹布擦净
8. 墙壁隔板清洁	(1) 用蘸有稀释清洁剂的海绵及抹布由上至下擦拭清洁 (2) 用干净的抹布擦净
9. 镀铬制品清洁	(1) 使用抛光清洁剂擦抹抛光 (2) 使用干净的抹布擦干净
10. 配备客用品	(1) 配备充足的面巾纸、手纸、洗手液 (2) 按标准摆放小面巾,保证数量为 20 块
11. 清洁地面	(1) 将地面清扫干净 (2) 用抹布蘸稀释后的清洁剂清洁地面边角 (3) 用清水抹布将地面及边角上的清洁液擦干净 (4) 用抹布擦净地面及边角
12. 室内净化	每隔 1~2 小时喷洒空气清新剂 1 次

四、窗户玻璃的清洁（见表 14—4）

表 14—4　　　　　　窗户玻璃的清洁

操作程序	操 作 标 准
1. 准备	(1) 准备好玻璃刮、抹布、水桶 (2) 用温水将清洁剂按比例稀释，依照被污染的程度确定浓度 (3) 安装玻璃刮，用夹子夹好海绵
2. 清洁玻璃	(1) 用海绵蘸适量的稀释清洁剂擦拭玻璃 (2) 从上至下、从左至右按顺序擦拭
3. 刮玻璃	(1) 用玻璃刮从上至下、从左至右把玻璃上的污迹刮干净 (2) 使玻璃保持光亮，无尘，无污迹
4. 结尾工作	用抹布将玻璃铝框擦拭干净，确保无灰尘，无污迹

五、大理石的清洁（见表 14—5）

表 14—5　　　　　　大理石的清洁

操作程序	操 作 标 准
1. 准备工作	(1) 根据地面面积，备好适量的起蜡剂、封地蜡和上光蜡 (2) 准备洗地机 1 台、墩布车 1 台、墩布地拖两把和吸水机 1 台
2. 起蜡	(1) 将起蜡剂按 1：20 比例与温水调好 (2) 均匀地将稀释后的起蜡剂洒在所上蜡的地面上 (3) 等候 10～20 分钟，待起蜡水与地面充分发生反应后，用起蜡机并放入黑色磨光垫起蜡 (4) 用清水反复冲洗干净为止 (5) 使用吸水机将地面存水吸干 (6) 用墩布反复墩干净
3. 封地蜡	(1) 待地面晾干，检查无污迹后，使用上蜡器（地拖）开始上蜡 (2) 上两遍封地蜡，每遍间隔时间以能晾干为准
4. 上光蜡	(1) 待封地蜡晾干后，用上蜡器（地拖）涂上光蜡 (2) 上 3 遍上光蜡，每遍间隔时间以能晾干为准

六、清洁瓷砖地面（见表14—6）

表 14—6　　　　　　清洁瓷砖地面

操作程序	操 作 标 准
1. 准备工作	将瓷砖地面上的杂物清扫干净
2. 清洗	(1) 使用规定的碱性地面清洁剂并按比例稀释 (2) 使用板刷刷洗地面
3. 擦拭	(1) 使用干净的抹布将地面擦净 (2) 瓷砖地面不可留有水迹

考 核 指 南

基础知识部分

考核内容

1. 酒店公共区域的概念是什么？
2. 酒店公共区域清洁保养的特点有哪些？
3. 酒店公共区域的业务范围有哪些？
4. 酒店公共区域的岗位职责有哪些？

考核方式

笔试或口试。

服务技能部分

考核内容

1. 地毯清洗。
2. 大厅清洁。
3. 公共卫生间的清洁。
4. 窗户玻璃的清洁。

5. 大理石的清洁。
6. 瓷砖地面的清洁。

考核方式

训练室现场模拟操作。